August Johann Gottfried Bielenstein

Die Elemente der lettischen Sprache

August Johann Gottfried Bielenstein

Die Elemente der lettischen Sprache

ISBN/EAN: 9783743346666

Hergestellt in Europa, USA, Kanada, Australien, Japan

Cover: Foto ©Andreas Hilbeck / pixelio.de

Manufactured and distributed by brebook publishing software (www.brebook.com)

August Johann Gottfried Bielenstein

Die Elemente der lettischen Sprache

Sr. Eminenz

dem

Bischof Dr. C. Chr. Ulmann,

Vicepräsident des Evangelisch-Lutherischen General-Consistorium
zu St. Petersburg,

dem Pfleger der lettischen Sprache und Literatur,
dem Kenner der lettischen Volkspoesie,
dem Förderer des lettischen Volksschulwesens,

zu dessen

50jährigem Prediger-Amts-Jubiläum

am vierten Adventssonntage 1866

in innigster Verehrung

gewidmet

vom

Verfasser.

Vorrede.

Verfasser ist zur Herausgabe vorliegender „Elemente" veranlaßt worden durch den Wunsch und Rath vieler Freunde, die in seiner „lettischen Grammatik (Mitau, 1863)" theils Inhalt und Form nicht populär genug fanden, theils Anstoß dort nahmen an den Abweichungen von der üblichen Orthographie. Waren auch diese Abweichungen dort unumgänglich nothwendig um einmal die Aussprache der gestoßenen und gedehnten lettischen Vocale dem Lernenden genau vor die Augen zu stellen, und war dort Inhalt und Form berechnet für Personen, die Universitäts- oder doch Gymnasialbildung besitzen, so muß Verf. selbst andererseits zugeben, daß dem minder wissenschaftlich Gebildeten ein einfacheres Büchlein Noth thut, und selbst auch behaupten, daß die herrschende Orthographie eine solche Macht hat, daß eine wesentliche Aenderung vor dem Volk durch eine Sprachlehre in jedem Fall unausführbar ist.

Vor Herausgabe dieses Büchleins regte Verf. die Frage öffentlich an, ob vielleicht eine Ausmärzung des h als Dehnungszeichen in weiteren Kreisen gewünscht und gebilligt würde. Die große Zahl der auf die Frage erfolgenden Zuschriften brachten Verf. zu der Ueberzeugung, auch dieses sei unmöglich. Die Meinungen namhafter Männer waren zu getheilt, in den positiven Vorschlägen, wie die langen Vocale aufs einfachste sich ohne h bezeichnen ließen, gieng jeder seinen eigenen Weg, und eine Einmüthigkeit über die Proposition des Verf. war auch von Ferne nicht vorhanden.

So ist denn in diesen „Elementen" die Orthographie die alte geblieben, und nur solches Neue ist aufgenommen, was in den letzten Jahren sich schon ein Bürgerrecht durch Zeitungen und andere Druckschriften erworben, z. B. **labbajs, mahzitajs** statt **labbais, mahzitais; waj, laj** statt **wai, lai; -ahm, -aht** in der 1. und 2. Pers. Plur. Prät. statt -am, -at und dergl. Eine Sprachlehre für die Praxis darf keine Experimente machen, deren Ausfall immer nur fraglich ist, sondern muß auch rücksichtlich der Orthographie dem Ueblichen folgen. Das ist eben so gewiß, als wie, daß ein s p r a c h w i s s e n s c h a f t l i c h e s Buch die orthographischen Mittel sich n e u s c h a f f e n m u ß , wenn sie nicht da sind.

Was den Inhalt anlangt, so ist aus der „lettischen Grammatik" nur das allerwichtigste für den practischen Gebrauch hier aufgenommen und alles Sprachwissenschaftliche, auch fast aller Hinweis auf die lettischen Dialekte unterlassen. Daß trotzdem die grammatikalischen Begriffe mit ihren Kunst= namen (wo es angieng, mit den deutschen, oft aber auch noch mit den lateinischen) genannt sind, wird kein Einsichtiger tadeln oder anders machen können.

Zuletzt möchte ich der Frage begegnen, ob dieses Büchlein in der lettischen Volksschule gebraucht werden könnte zur Unterweisung lettischer Kinder in ihrer Muttersprache? Ohne weiteres gewiß nicht. Und Verf. meint, unsere Volksschule ist überhaupt noch nicht entwickelt genug zu einem grammatikalischen Unterricht. Vor der Hand dürfte sehr viel erreicht sein, wenn unsere Schulkinder Zeit und Kraft hätten den Stoff der „ihſa pamahziſchana" (von G. Braſche, Mitau, Steffenhagen, 1857. Magazin der lett. lit. Geſellſch. XI. 3.) in ſich aufzunehmen.

Verf. aber hätte eine große Freude, wenn seine „Elemente" den Lehrern brauchbar wären als Hilfsmittel Einſicht in die Regeln des Lettiſchen zu bekommen und als Rathgeber für den mündlichen und ſchriftlichen Gebrauch der Sprache.

Neu-Autz,
d. 14. October 1866.

A. Bielenstein,
Paſtor.

Inhaltsverzeichniß.

Erster Theil. Die Laute.

Alphabeth. Laut- und Lesezeichen. § 1—4.
Vocal- und Consonantenclassen. § 5. 6.
Aussprache. § 7—15.
Orthographisches. § 16. 17.
Lautwandlungen. § 18—25.
Betonung. § 26—29.

Zweiter Theil. Wortbeugung.

A. Declination und die declinabeln Redetheile.

I. Substantiv. § 30—66.
   Allgemeines. § 30—33.
   1. A-Declination. § 34—42.
   2. Unächte J-Declination. § 43—47.
   3. E-Declination. § 48—52.
   4. Ächte J-Declination. § 53—57.
   Unregelmäßige Declination. § 58—61.
   5. U-Declination. § 62—66.
II. Adjectiv. § 67—75.
III. Zahlwort. § 76—81.
IV. Pronomen. § 82—87.

B. Conjugation.

Allgemeines. § 88. 89.
Personal-Endungen. § 90.
Temporalformen. § 91—104.
Modalformen. § 105—107.
Genusformen. § 108. 109.
Verbal-Nomina (Infinitiv und Particip). § 110—117.
Umschriebene Conjugationsformen. § 118—124.
Paradigmen und Cataloge der ersten Conjugation. § 125—131.
   „ „ „ „ zweiten „ § 132—135.
   „ „ „ „ dritten „ § 136—139.
Unregelmäßige Verba. § 140—142.

Dritter Theil. Wortbildung.

Allgemeines. § 143.
I. Ableitung.
   1. Bildung der Nomina. § 144—151.
   2. Bildung der Verba. § 152—155.
II. Zusammensetzung.
   1. Zusammensetzung der Nomina. § 156—158.
   2. Zusammensetzung der Verba. § 159.
Anhang. Ueber Entlehnungen aus dem Deutschen. § 160—164.

Vierter Theil. Syntax.

I. Der Satz und seine Elemente. § 165—170.
II. Zahl und Geschlecht. § 171—173.
III. Artikel. § 174. 175.
IV. Substantiv und Adjectiv. § 176. 177.
V. Vom Gebrauch der Casus.
   1. Nominativ. § 178.
   2. Vocativ. § 179.
   3. Accusativ. § 180—186.
   4. Locativ. § 187—190.
   5. Genitiv. § 191—204.
   6. Dativ. § 205—208.
VI. Von den Präpositionen.
   Allgemeines. § 209—213 (241).
   1. Präpositionen mit dem Accusativ. § 214—220.
   2.   „   „   „ Genitiv. § 221—230.
   3.   „   „   „ Dativ. § 231. 232.
   4.   „   „   „ Accusativ und Genitiv. § 233—238.
   5.   „   „   „ Accusativ und Dativ. § 239. 240.
VII. Zahlwort. § 242—254.
VIII. Pronomen.
   1. Personalpronomina, Possessiva, pats, selbst. § 255—261.
   2. Demonstrativa und Relativa. § 262—273.
IX. Die Arten des Verbum.
   1. Activum. § 274.
   2. Medium. § 275.
   3. Passivum. § 276—278.
   4. Verba impersonalia. § 279. 280.
X. Gebrauch der Tempora.
   1. Präsens. § 281. 282.
   2. Präteritum. § 283. 284.
   3. Futurum. § 285.
XI. Gebrauch der Modi.
   1. Indicativ. § 286.
   2. Conjunctiv. § 287—289.
   3. Conditional. § 290. 291.
   4. Imperativ. § 292.

XII. Infinitive und Participia.
  1. Infinitive. § 293—296.
  2. Participia. § 297—313.

XIII. Von den Frage- und Antwortsätzen. Bejahung und Verneinung. § 314—318.

XIV. Conjunctionen und Hervorhebungspartikeln.
  Allgemeines. § 319.
  1. Conjunctionen der Verbindung. § 320—323.
  2.   „   der Sonderung. § 324. 325.
  3.   „   des Gegensatzes. § 326.
  4.   „   der Vergleichung. § 327—329.
  5.   „   der Aussage. § 330.
  6.   „   der Zeit. § 331—333.
  7.   „   der Ursache. § 334.
  8.   „   der Folge. § 335.
  9.   „   der Absicht. § 336.
  10.   „   der Bedingung und des Wunsches. § 337—339.
  11.   „   des Zugeständnisses. § 340. 341.
  12. Hervorhebende Partikeln. § 342.

XV. Interjectionen. § 343.

XVI. Wortfolge im Satz. § 344—351.

Erster Theil.

Die Laute.

Alphabet. Laut- und Lesezeichen.

§ 1. Für die lettische Sprache ist seither im Druck meist das deutsche, in der Schrift das lateinische Alphabet üblich.

§ 2. Die lettischen Buchstaben sind folgende:

Große Schrift.	Kleine Schrift.	Aussprache.
A	a	a
B	b	b
D	d	d
E	e	e (zuweilen spitz, zuweilen breit: ä, § 7)
Ee	ee	ea oder ia
F	f	f (nur in entlehnten Wörtern)
G	g	g (Kehllaut)
G̓	g̓	gj (Gaumenlaut)
H	h	h (Hauchlaut nur in entlehnten Wörtern, in ächt lettischen nur als Dehnungszeichen, § 4)
I	i	i
J	j	j
K	k	k (Kehllaut).
K̓	k̓	kj (Gaumenlaut)

Große Schrift.	Kleine Schrift.	Aussprache.
L	l	l
Ļ	ļ	lj
M	m	m
N	n	n
Ņ	ņ	nj
O	o	oa oder ua
P	p	p
R	r	r
Ŗ	ŗ	rj
S	s, ŝ	scharf, wie das deutsche ß, russ. с, französ. c vor e, i
Sch	sch	scharf, wie das russ. ш, litth. ß, franz. ch
S	s	tönend, wie das russ. з, litth. z, französ. z, deutsch s in sah, Wesen
Sch	sch	tönend, wie russ. ж, litth. ž, französ. j
T	t	t
U	u	u
W	w	w
Z	z	ts (russ. ц, deutsch z, tz)
Tsch	tsch	tsch (russ. ч, litth. cz)
Ds	ds	ds
Dsch	dsch	dsch.

Anmerk. Die großen Buchstaben werden nur im Anfang des Satzes, bei Eigennamen und etwa aus Ehrfurcht beim Namen Gottes (Deews) gebraucht. Sonst wird abweichend vom deutschen Gebrauch auch jedes Hauptwort klein geschrieben.

§ 3. Außer den eigentlichen Buchstaben sind von anderen Laut- und Lesezeichen im Lettischen üblich

1) die Virgula, ein Strichlein, das einerseits im s, sch die Schärfe des Zischlauts andeutet zur Unterscheidung vom tönenden s („se"), sch („sche"); das andererseits in den Buchstaben ļ, ņ, ŗ,

ņ, ŗ die Verschmelzung der reinen Laute k, g, l, n, r mit einem j bezeichnet.

2) ‾ das Dach, dient als Verlängerungszeichen über dem Vocal in der Locativ=Endung, z. B. meschā, im Walde, ſirdī, im Herzen.

3) Etwaige andere Zeichen, z. B. der Apoſtroph —', am Ende des Wortes um den Wegfall eines Vocals anzudeuten, ferner ſämmtliche Interpunctionszeichen (, ; : . ? !) werden genau wie im Deutſchen gebraucht.

§ 4. Das h iſt als Hauchzeichen dem ächten Letten fremd und dient ſeither hinter den Vocalen als Zeichen der Vocallänge, in der Regel aber nur in den Wurzelſylben, in den Nebenſylben leider nur mit Willkür und Unregelmäßigkeit. In dieſem Büchlein iſt das h durchgängig außer den Wurzelſylben (alſo auch: ne-dehla, Woche; pa-lihgā, zur Hilfe) wenigſtens in allen geſchloſſenen (d. h. mit einem Conſonanten endigenden) Nebenſylben gebraucht, z. B. labbahks, beſſer, ſcm. labbaka; pihlehns, Entchen, Pl. pihleni; daſchahds, mancherlei, Adverb daſchabi.

Vocal= und Conſonanten=Claſſen.

§ 5. Die lettiſchen Laute zerfallen in folgende Claſſen:

Die Vocale ſind einerſeits

einfache kurze: a, e, i, u (o),

einfache lange: ah, eh, ih, uh (in offenen, d. h. mit einem Vocal endigenden Nebenſylben ohne h, alſo unkenntlich geſchrieben, z. B. maſgāſchu, ich werde waſchen, tizzība, Glaube), oder

doppelte (Diphthonge): ai, ei, au, ui; ee (ſpr. ea od. ia), oh (o), (ſpr. oa od. ua), iu.

Alle dieſe Vocallaute theilen ſich andererſeits in

breite, die mit verhältnißmäßig offener Mundhöhle ausgeſprochen werden: a, ah, offenes e und eh, u, uh, o, oh, ai, au, ui; und

ſpitze, die mit verhältnißmäßig geſchloſſener Mundhöhle geſprochen werden: geſchloſſenes e, eh, i, ih, ei, ee, iu.

Anmerk. Alle langen lettiſchen Vocallaute (in gewiſſem Sinn ſogar die kurzen) zeigen noch eine ſehr eigenthümliche und wichtige Unterſchiedlichkeit, ſofern ſie nämlich entweder gedehnt oder geſtoßen ausgeſprochen werden. Bei der ſeither üblichen Ortho=graphie fehlen aber die Mittel dem Lernenden dieſen Unterſchied klar zu machen und vor die Augen zu führen. Wir verweiſen daher diejenigen, die tiefer in das Weſen des Lettiſchen eindringen wollen, auf des Verf. Lettiſche Grammatik, Mitau, Fr. Lucas, 1863.

§ 6. Die consonantischen Laute zerfallen einerseits in

Kehllaute: k, g;
Gaumenlaute: k, g, tsch, dsch, sch, ſch, j, r, l, n;
Zahnlaute: z, dſ, ſ, s, t, d, r, l, n;
Lippenlaute: p, (pj), m, (mj), b, (bj), w, (wj);

andererseits in

reine: k, g, z, dſ, ſ, s, t, d, p, b, l, m, n, r;
unreine (getrübte, mouillierte):
k, g, tsch, dsch, sch, ſch, (pj), (bj), l, (mj), n, r.

Zwiſchen beiden letzteren Claſſen ſteht j in der Mitte.

Ausſprache.

§ 7. Aufmerkſamkeit erfordert die richtige Ausſprache des e-Lauts. Derſelbe iſt in gewiſſen Fällen offen und breit (= ä), in andern geſchloſſen und ſpitz (wie im deutſchen Reh, Seh).

Breit und offen iſt der e-Laut immer, wenn darauf nach reinem Conſonanten (§ 6) einer der breiten Vocallaute (§ 5, a, u, o, ai, au u. ſ. w.) folgt. Beiſp. **mettam**, wir werfen; **redſehts**, geſehen; **brehzu**, ich ſchreie; **pehrnais**, der vorigjährige; **tehraubs**, Stahl; **ſchehloht**, bemitleiden. Dieſelbe Regel gilt, wenn der beſtimmende breite Vocal im Lauf der Zeit ſollte abhanden gekommen ſein, wie z. B. im Nomin. Singul., Nomin. und Dativ Plur. der A-Declination (§ 34): **grehks**, Sünde, Nom. Pl. **grehki**, Dat. Pl. **grehkeem**, für urſprüngliches **grehkas, grehkai, grehkaimis**); oder bei den Adverbien: **ſwehti**, heilig; **pehrn**, im vorigen Jahr, für älteres **ſwehtai, pehrnai**: oder in der dritten Perſ. Präſ. der 1. Conjugation: **wedd'**, er führt, **dſenn'**, er treibt, für älteres **wedda, dſenna**.

Spitz und geſchloſſen iſt der e-Laut immer, wenn die auf e folgende Sylbe mit einem j oder einem (durch j) getrübten Conſonant (§ 6) beginnt, z. B. **ſehja**, Saatfeld; **ſtrebju**, ich ſchlürfe; **tella**, des Kalbes; **mehroht**, meſſen; **degſchu**, ich werde brennen; **eſcha**, Feldrain; **degga**, des Branntweinbrenners; — oder wenn in der auf den e-Laut folgenden Sylbe einer der ſpitzen Vocallaute ſteht (§ 5: i, geſchloſſenes e, ee, ei u. ſ. w.), z. B. **ſchehlihgs**, barmherzig; **ſwehtiht**, heiligen; **bedre**, Grube; **wehleht**, gönnen; **neſſeet**, ihr traget. Dieſelbe Regel gilt, wenn ein ſolches i oder j ſeit nicht allzu ferner Zeit verloren gegangen oder unſichtbar geworden ſein ſollte, wie z. B. im Infinitiv: **ehſt**, eſſen; **zelt**, heben; **dſirdeht**, hören, für älteres **ehſti, zelti, dſirdeti**; oder im Präteritum Activi aller einſylbigen Verba: **mettu**, ich warf; **flehpahm**, wir verheimlichten; **brehzaht**, ihr schreiet, für älteres **metju, flehpjahm, brehkjaht**.

Anmerk. 1. In Endsylben hinter denen kein Vocal verloren gegangen ist, z. B. in den Endsylben der E=Declination (§ 48) ist das e stets spitz: **mahte**, die Mutter, Gen. **mahtes** u. s. w. Ausnahme: **se se**! Zuruf an Hunde; **weh, pfui**!

Anmerk. 2. Entlehnte Wörter oder Namen werden nicht nach obigen Regeln, sondern so ausgesprochen, wie in der fremden Sprache, z. B. **ewangelijums**, Evangelium; **Metusalems**, Methusalem.

Anmerk. 3. Man übe sich folgenden Satz richtig auszusprechen: **dehls wehle tewihm dehli un wehla wehlu dehli**, der Sohn erlaubt dir das Brett und wälzte spät einen Blutegel.

§ 8. Die beiden Diphthonge ee (= ea, ia) und o (= oa, ua) spricht der Lette so, daß das erste Element (sei es gedehnt oder gestoßen) vorwaltet, das zweite (a) weit kürzer und leichter nachhallt. Beisp.: **preede** (spr. **preade**), Fichte; **beedeht**, (spr. **biadeht**), schrecken; **seers** (spr. **sears**), Käse; **meers** (**miars**), Friede; **lohps** (**loaps**), Vieh; **kohps** (**kuaps**), er wird ordnen, pflegen; **pohga** (**poaga**), Schelle; **ohga** (**uaga**), Beere.

Anmerk. Ein reines dem deutschen entsprechendes o giebts fast nur im hochlettischen (oberländischen) Dialekt.

§ 9. Viel genauer als die Deutschen mancher Gegenden unterscheidet der Lette die Laute **ai** und **ei**. Es wäre ein arger Verstoß **meita**, Mädchen, wie **maita**, Aas, auszusprechen.

§ 10. Ebenso hüte sich der Deutsche **p** und **b**, **t** und **d**, **k** und **g**, **g** und **j** im Lettischen zu verwechseln. Es könnten sonst schlimme Mißverständnisse hervorgerufen werden. Vergl. **draugi**, Freunde, und **trauki**, Gefäße; **dehlini**, kleine Söhne, und **tellini**, kleine Kälber; **gahju**, ich gieng, und **jahju**, ich ritt.

§ 11. Streng zu unterscheiden sind das scharfe **s, ß** (sch) und das tönende **s** (sch). Vergl. **salka sahle**, grünes Gras; **sahls**, Salz; **falla**, Holm, Insel. Das **s** klingt auch vor **p** oder **t** niemals getrübt (als sch), wie im Hochdeutschen. Vergl. **spehleht**, spielen (schpielen); **stahweht**, stehen (schtehen).

Anmerk. Im Leseunterricht dürften die Zischlaute falls nicht „lautiert" wird, nicht anders als es (s, ß), se (s), esch (sch), sche (sch), tsche (tsch), dsche (dsch) genannt werden.

§ 12. Für die getrübten, mouillierten Laute (**k, g, l, n, r**) ist zu beachten, daß die Verschmelzung mit j eine möglichst innige und vollständige sei. Sprich also **pukke**, Blume, ja nicht wie puk–je oder puk–je; kuggis, Schiff, ja nicht wie kug-jis oder kub-jis. galka, Fleisch, welku, ich wälze, sprich wie französ. email, bouteille. finna, Kunde, wie französ. campagne. Lett. r entspricht dem russ. рь.

§ 13. w lautet am Anfang und Ende des Wortes und neben Consonanten fast vocalisch: wehleht, gönnen; tew', dir; naw', es ist nicht; kwahrkt, quarren, fast wie uehleht, teu, nau, kuahrkt. Vor dem Nominativzeichen –s hat w nach kurzem Vocal sehr leichten Klang: taws, dein; aws, Schaf; siws, Fisch; nach langem Vocal ist es oft recht hörbar: Kreews, Russe; teews, dünn; sihws, scharf, von Geschmack, Geruch. Gar nicht hörbar ist w in den drei Nominativen: Deews, Gott; tehws, Vater; gohws, Kuh.

§ 14. j vor Consonanten, wenn es mit diesen nicht verschmilzt, lautet ziemlich wie i, z. B. mahzitajs, Prediger, fast wie mahzitais.

§ 15. n vor Kehllauten klingt selbst wie aus der Kehle: tenka, Schwätzer; bunga, Trommel, wie das lateinische inquam, longus.

Orthographisches.

§ 16. Sonst über die Rechtschreibung Regeln zu geben, gehört eigentlich nicht hierher, sofern sich das Nöthige im ganzen Verlauf der Sprachlehre allmählig herausstellt. Nur über den Gebrauch des kurzen s und über die Consonanten=Verdoppelung wo die Orthographie schwankt, möge hier ein Grundsatz aufgestellt sein.

Das Zeichen s ist nur am Ende des Wortes gebräuchlich, mit Recht aber nur für das scharfe ſ. Für ſ sollte es am Ende des Worts nie gebraucht werden. Schreibe also lieber aiſ, hinter; beſ, ohne; iſ (neben is), aus; uſ, auf, und nicht ais, bes, us, wie noch vielfach geschieht.

§ 17. Der Consonant am Ende der Wurzelsylbe, d. i. der ersten des unzusammengesetzten Worts, vor folgendem Vocal pflegt doppelt geschrieben zu werden, wenn der Wurzelsylbenvocal kurz ist. (Diese Verdoppelung läßt sich ansehen als Bezeichnung der Kürze des vorhergehenden Vocals, denn die Aussprache dieser verdoppelten Consonanten ist bei weitem nicht in allen Fällen eine geschärfte, namentlich in der Regel nicht bei l, m, n, r, und ebensowenig bei b, d, g.) So schreibt man: kappi, Gräber; matti, Haare; naggi, Klauen; waddaht, hin und herführen; neffu, ich trage; gulleht, schlafen; rimma, er wurde ruhig; winni, sie; kerru, ich fange; (Die Aussprache ist aber: nagi, wabaht, gulcht, rima, wini, keru). Man muß aber dann auch schreiben: na=baggi, die Armen; no=waddâ, im Gebiet.

Anmerk. 1. j, w, s, sch, ſch, tſch, dſ, dſch werden nicht verdoppelt, also schreibe: krija, Baumrinde; druwa, Fruchtfeld; masais, der Kleine; biſa, Haarflechte, Zopf; escha, Feldrain; dwaſcha, Athem; titſchu, ich glaube; redſeht, sehen; mudſcheht, wimmeln; nicht krijja, druwwa u. s. w.

Anmerk. 2. Am Ende einsylbiger Wörter wird nicht verdoppelt (z. B. tas, der; bet, aber), außer wo in neuerer Zeit erst ein Vocal abgefallen ist, z. B. neſſ', er trägt; mett', er wirſt; minn', er tritt; wedd', führe! wiſſ', ganz; ſenn', längſt; prett', gegen; itt', ganz. Letztere Adverbien schreibt man aber auch und vielleicht besser ohne Verdoppelung: wis, ſen, pret, it.

Anmerk. 3. Auf der Grenze der beiden Theile eines zusammengesetzten Wortes wird nicht verdoppelt, z. B. at–eet, hergehen; ap–auſchi, Halfter; da–buht, bekommen; na–bags, Armer; pa–gale, Holzscheit; pa–kauſis, Nacken; ne–dehla, Woche; ne–gi, und nicht; nu–le, so eben; je–le, doch.

Anmerk. 4. Auch in entlehnten Wörtern wird oft die Verdoppelung unterlassen: tabaks, Taback; papihrs, Papier; rubulis, Rubel.

Anmerk. 5. Daß die Verdoppelung unterbleibt bei unmittelbar folgendem Consonant, versteht sich von selbst: rakku, ich grub, aber: rakt, graben; labbums, Vortheil, aber: labs, gut. Ebenso in Nebensylben: meitina, Mägdlein, nicht meitinna.

Lautwandlungen.

§ 18. Wo in Folge von Wortbildung oder Wortbeugung ein t oder d vor t oder d tritt, verwandelt sich fast ausnahmslos jenes in ſ, dieses in s (jedoch nur für die Schreibung; die Aussprache jenes ſ, dieses s ist bedingt durch die Natur des folgenden Consonanten, § 20). Beiſp.: Infinitiv meſ–t, werfen (Präs. mett–u); weſ–t, führen (wedd–u); Partic. Präs. Pass. meſ–ts, geworfen; weſ–ts, geführt; Partic. Präs. Act. meſ–dams, werſend; weſ–dams, führend; Präs. Cl. V. kalſ–tu, ich verdorre (Prät. kalt–u); klihſ–tu, ich irre umher (Prät. klihd–u); ferner: lahſt–s, Fluch (lahd–eht, fluchen); walſ–ts, Reich, Herrſchaft (waldiht, regieren).

§ 19. In einzelnen Wörtern gleicht sich wenigstens für die Aussprache, für die genaue Schrift nicht, n, t (w), vorhergehendem l, r an, z. B. pilns, voll, lautet oft wie pills, fem. pilna, wie pilla; melns, schwarz, wie mells, fem. melna, wie mella; welns, Teufel, wie wells; baltgalwe, Weißkopf, wie ballgalwe; zirwis, Beil, wie zirris. Aehnliche Assimilation (Angleichung) findet statt auch in der Schreibung, z. B. bei appakle, Kragen, für ap-kakle; appalsch, rund, für ap-walsch; pakkaws, Hufeisen, für pad-kaws.

Sehr beliebt ist in der Aussprache die Assimilation des r der 3. Pers.. irr', es ist, der Präpositionen ar, mit, par, über, und der Conjunction ir (= ar, arri), auch, an den ersten Consonanten des folgenden Wortes. Beisp.: irr mahjâs, er ist zu Hause, lautet wie im mahjâs; ar winnu, mit ihm, wie aw winnu; par lauku, übers Feld, wie pal lauku; ar lahzi, mit einem Bären, wie al lahzi; ir tas, auch der, wie it tas.

§ 20. g, d, b, s lauten vor k, t, p, s (ß), sch, eben auch wie k, t, p, s, und umgekehrt lauten k, t, p, s vor g, d, b, s wiederum wie g, d, b, s. Vom Schreibenden wird aber diese Wandlung nicht bezeichnet um den Ursprung der Wörter nicht zu verwischen. Lies darnach: smag-s, schwer; luhg-schana, Bitte; ween-pa-dsmit, eilf; lab-s, gut; urb-schana, das Bohren; mas-s, klein; dahrs-s, Garten; sag-t, stehlen; reeb-t, verdrießen; gahs-t, umwerfen; us-truhkt, aufbrechen (v. Geschwüren); smag-kruhtis, Engbrüstiger; rud-kahjis, Braunfuß; klib-kahjis, Hinke-bein; bes-kauna, Schamloser; lab-prahtihgs, wohlgesinnt; ais-piht, zuflechten; at-selt, wieder grün werden; pup-sihdis, Brust-sauger; kas-sinn, wer weiß, vielleicht; nahk-dams, kommend; sweht-deena, Feiertag; lip-dams, klebend; pus-deena, Mittag; zuhk-gannis, Schweinehirt; zeet-galwis, Dummkopf; res(n)-gallis, Dick-Ende.

Ebenso lautet bahs-schana, das Stopfen, oder bahsch-schana, wie bahsch-schana, schreibe: bahschana; mesch-s, Wald, oder mesch-sch, wie mesch-sch, schreibe: mesch. (§ 17 Anm. 1, § 21 Anm. 3.)

§ 21. Vielfach wird ein reiner (§ 6) Consonant durch einen benachbarten unreinen (mouillierten, § 6) auch getrübt. Solches geschieht namentlich:

1) dem Nominativzeichen -s durch vorhergehendes j, k, n, r, sch, sch. Beisp.: wehj-sch, Wind; rupj-sch, grob; dumj-sch, dunkelbraun; tek-sch, Kalb; win-sch, jener; kar-sch, Krieg; drohsch s. drohsch-s, kühn; mesch s. mesch-s, Wald;

Anmerk. In mehrsylbigen Wörtern übt j jene Wirkung nur in einzelnen Gegenden, und man spricht meistens mahzitais oder mahzitaj's, Prediger, dewej's, Geber, nicht mahzitaisch, dewejsch.

2) dem ſ und ſ durch nachfolgendes k oder n. Beiſp.: **baufliſ**, Gebet, Gen. Singl. **baufchla**; **ſwaigſne**, Stern, Gen. Pl. **ſwaigſchnu**;

3) dem ſ (t, § 18), ſ (d, § 18) durch nachfolgendes oder vorangehendes **ſch**, **ſch**. Dieſe getrübten Ziſchlaute pflegt man aber nicht doppelt zu ſchreiben. So wird **plchſ-ſchana**, das Reißen, zu **plchſchana**; **met-ſchana**, das Werfen, zu **meſchana**; **bahſ-ſchana**, das Stopfen, zu **bahſchana**; **wed-ſchana**, das Führen, zu **weſchana**; **drohſch-s**, kühn, zu **drohſch**; **meſch-s**, Wald, zu **meſch**.

§ 22. k und g wandeln ſich vor ſpitzen Vocallauten (e, ei, ee, i, § 5), k in z oder ķ, g in dſ oder ģ. Beiſp.: **razzejſ**, Gräber (v. **rakt**, graben); **kohzinſch**, Bäumchen (v. **kohks**, Baum); **radſinſch**, Hörnchen (v. **rags**, Horn); **lchzeens**, Sprung (v. **lehkt**, springen); **lizzis**, Partic. Prät. Act. v. **likt**, legen; **beidſis**, Partic. Prät. Act. v. **beigt**, endigen; **dedſihgs**, hitzig (v. **degt**, brennen); **nabadſiba**, Armuth (v. **nabags**, Armer); **audſeht**, wachſen machen (v. **augt**, wachſen); **raudſiht**, verſuchen (Präſ. **raugu**); **nahzi**, du kommſt, 2. P. Pl. **nahzeet** (v. **nahkt**, kommen); **ſohdſi**, du ſtiehlſt, 2. P. Pl. **ſohdſeet** (v. **ſagt**, ſtehlen); — **brehķis**, Schreihals (v. **brehkt**, ſchreien); **pareģģis**, Seher, Wahrſager (redſeht, ſehen).

Anmerk. Eine Ausnahme von dieſer Regel findet ſtatt:

1) in der Endung des Nomin. und Dativ Pl. masc. der A=Declination: **wilki**, Wölfe, Dat. Pl. **wilkeem**; **kungi**, Herren, Dat. Pl. **kungeem**;

2) in der Endung der von Adjectiven abgeleiteten Adverbien auf -i: **ilgi**, lange; **laimigi**, glücklich; **trakki**, toll;

3) in der 2. P. S. Präſ. Indic. Act. der Verba der dritten Conjugation: **ſargi**, du behüteſt (v. **ſargaht**); **lohki**, du beugſt (v. **lohziht**); **mahki**, du verſtehſt, du kannſt (v. **mahzeht**);

4) in der 2. P. S. Präterit. Indic. Act. Cl. I., II., III., V. Beiſp.: **augi**, du wuchſeſt; **wilki**, du zogſt; **rakki**, du grubeſt; **nihki**, du giengſt zu Nichte (v. **augt**, **wilkt**, **rakt**, **nihkt**).

§ 23. j zwiſchen vorhergehendem Conſonanten und folgendem Vocal muß, wenn es nicht mit dem folgenden Vocal verſchmilzt (§ 24), jedenfalls mit dem vorhergehenden Conſonanten verſchmelzen. So entſtehen die unreinen, mouillierten Laute (§ 6):

aus nj — ņ,   aus ſj } — ſch,   aus ſj } — ſch,
„ lj — ļ,   „ tj }   „ dj }
„ rj — ŗ,   „ zj — tſch,   „ dſj — dſch.

Bei der Wortbeugung ist diese Regel sehr zu beachten. Namentlich macht sie sich geltend:

1) im Gen. Sing. und im ganzen Plural der unächten J=Declination (das sind alle die Formen, wo das urspr. ja nicht zu i verschmilzt). Beisp.:

sapna	für **sapn-ja,**	Genit. von	**sapnis,**	Traum;
brahla	„ **brahl-ja,**	„ „	**brahlis,**	Bruder;
mehra	„ **mehr-ja,**	„ „	**mehris,**	Pest;
nehscha	„ **nehs-ja,**	„ „	**nehsis,**	Tracht;
suscha	„ **sut-ja,**	„ „	**suttis,**	Aal;
lahtscha	„ **lahz-ja,**	„ „	**lahzis,**	Bär;
wehscha	„ **wehs-ja,**	„ „.	**wehsis,**	Krebs;
breescha	„ **breed-ja,**	„ „	**breedis,**	Elen;
dadscha	„ **dads-ja,**	„ „	**dadsis,**	Klette;

dumpja, Genitiv von **dumpis,** Lärm;
gulbja, „ „ **gulbis,** Schwan;
gihmja, „ „ **gihmis,** Gesicht;
burwja, „ „ **burwis,** Zauberer;

2) im Genit. Pl. der E=Declination:

mehlu für **mehl-ju** von **mehle,** Zunge;
puttischu „ **puttiht-ju** „ **puttite,** Blümchen;
swetschu „ **swez-ju** „ **swezze,** Licht;

3) im Genit. Plur. der ächten J=Declination:

sirschu für **sird-ju** von **sirds,** Herz;

4) in allen Formen des Präs. Indic. Act. Cl. IV. außer der 2. Pers. Sing. und in allen vom Präs. abgeleiteten Verbalformen derselben Cl. IV. Beisp.: **kultu,** ich dresche, s. **kul-ju; plehschu,** ich reiße, s. **plehs-ju; ausch,** man webt, s. **aud-j(a); kamp-j,** er saßt; **karram,** wir hängen, s. **kar-jam; urb-jat,** ihr bohret, von **kult, plehst, aust, kampt, kart, urbt.**

Anmerk. **kj** verschmilzt zu **z, gj** zu **ds,** aber **z** und **ds** gelten nicht als getrübte, mouillierte Laute. Beisp. 1. P. Plur. Präs. **brauzam,** wir fahren, s. **brauk-jam; luhdsam,** wir bitten, s. **luhg-jam.** Prät. **brauzahm,** wir fuhren, s. **brauk-jahm; luhdsahm,** wir baten, s. **luhg-jahm.**

§ 24. **ja** nach Consonanten, wenn das **j** sich frei erhält von diesen, verschmilzt zu **e** oder **i** oder **ee.** Beisp.:

mettehm, wir warfen, s. **met-jahm;**
sapnis, Traum, s. **sapn-jas;**
speedeet, ihr drückt, s. **speed-jat,** neben **speeschat;**
kahpeet, ihr steiget, s. und neben **kahpjat.**

§ 25. Die Vocallaute uh, au, ih, ai, ei, ui, spalten sich vor folgenden Vocalen:

uh zu uw, au zu ahw oder aw;
ih zu ij, ai, ei, ui zu aij, eij, uij;

Beisp.: **schuht**, nähen, Prät. **schuwu, schuweja,** Näherin; **kraut, häusen,** Prät. **krahwu; raut,** reißen, **raweht,** jäten; **riht,** schlingen, Prät. **riju; trihs,** drei, Gen. Pl. **triju; waijaht,** verfolgen; **leija,** Niederung; **scheijene,** der hiesige Ort; **skuija,** Tannennadel oder Tannenzweig. (Die Schreibung **wajaht, leja, schejene, skuja** ist minder entsprechend der wirklichen Aussprache.)

Betonung.

§ 26. Der Hauptton ruht stets auf der Wurzelsylbe des Worts, und diese ist (beiläufig gesagt) stets die erste des Worts.

Bei zusammengesetzten Wörtern ruht der Hauptton auf der Wurzelsylbe des ersten Gliedes.

§ 27. Eine Folge davon ist, daß die minder betonten Vocale der Endsylben mehr kurz und schwach ausgesprochen werden, ja auch ganz verloren gehen. Die Schreibung darf ja nicht allen den Nachlässigkeiten der flüchtigen Sprache des täglichen Lebens folgen und namentlich das a der weibl. Substantiva oder das a der 3. P. Präterit. in e wandeln, mag es auch zuweilen oder oft namentlich nach Zahnlauten so klingen. Also schreib: **meita,** Mädchen, **wedda,** er führte, **kahpa,** er stieg, nicht **meite, wedde, kahpe.** Ein arger Fehler wäre die Schreibung von e in der 3. P. Prät. nach Kehllauten, also schreib **rakka,** er grub, **dihga,** es keimte, ja nicht **rakke, dihge.**

In der Aussprache geht das i im Nomin. der unächten J=Declination (§ 43) hinter t, n, s, l (namentlich in mehrsylbigen Wörtern) gern verloren, die Schrift bewahrt es richtiger: **wahzeetis,** ein Deutscher; **mehnesis,** Monat; **augonis,** Gewächs, Geschwür; **brahlis,** Bruder; **ahbolis,** Apfel.

§ 28. Ausnahmen von der Betonungsregel (§ 26).

1. Die Negation in der Zusammensetzung mit Pronominen und pronominalen Adverbien ist tonlos: **nekàs,** Niemand; **nekàhds,** kein(er); **neweèns,** kein(er); **neneèka,** nichts; **nekùr,** nirgends; **nekàd,** niemals; **nebùht,** durchaus nicht.

Anmerk. 1. Für die Verbindung der Negation mit Verbal= formen, Substantiven und Adjectiven gilt § 26 unverbrüchlich: **nesinnu,** ich weiß nicht; **nesakki,** sage nicht! **negohds,** Unehre, Schande; **negudrs,** unklug, thöricht.

Anmerk. 2. Ebenfalls tonlos, aber ohne componiert zu sein, steht ne im Sinn von „nicht einmal" oder doppelt im Sinn von „weder — noch" auch vor Verbum und Nomen. Beisp.: ne èhst nègribbeja, nicht einmal essen wollte er; **ne màises ne naùdas**, weder Brod noch Geld.

Anmerk. 3. Starken Ton hat die Negation in den Verbindungen: **kahds nèkahds**, irgend einer; **kur nèkur**, irgend wo.

2. Wo zwei Wörter in viel üblichen Redensarten verschmelzen, doch nicht eigentlich zusammengesetzt sind, behält das zweite um des Sinnes willen den Hauptton, z. B. **ween-àlga** (es ist) einerlei (= **weena alga**, ein Lohn); **pal-beèws** (neben **pàl-beews**), Dank (= **palihdf Deews**, helfe Gott); **kas-sinn**, vielleicht (= wer weiß). Ebenso dürfte die verbundene Schreibung von **pa-reìsi**, in Ordnung; **pa-teèsi**, in Wahrheit; **pa-preèkschu**, zuvörderst; **pa-wissam**, gänzlich; **pa-gallam**, zu Ende, vorbei; **pa-pilnam**, vollauf; **par-leèku**, zum Ueberfluß; **par-welti**, vergebens; **ar-weènu**, in einem fort, u. s. w. nicht falsch sein. Vielleicht eher könnte getrennt werden: **te pàt**, hierselbst; **tik pàt**, ebenso; **tur pàt**, ebendort; **pat làbban**, eben recht.

§ 29. Nach allem Obigen bedarf es im Lettischen keiner besonderen Accentzeichen. Trotzdem ist es üblich das Zeichen ` auf **kà**, wie, zum Unterschiede von **ka**, daß, zu setzen. Füglich ganz unnütz schreibt man auch **schè**, hier; **tè**, da; **à rè**, siehe da! **tè bè**, nun freilich.

Zweiter Theil.

Wortbeugung.

A. Declination und die declinabeln Redetheile.

I. Substantiv (Hauptwort).

Allgemeines.

§ 30. Es giebt im Lettischen zwei Geschlechter, das männliche (masculinum) und das weibliche (femininum). Jenes wird erkannt an der Nominativ=Endung -s (oder -sch), z. B. **Deew-s**, Gott; **sapni-s**, Traum; **allu-s**, Bier; **wehj-sch**, Wind. Dieses wird erkannt an der Abwesenheit jenes Nominativzeichens -s. Beisp. **akka**, Brunnen; **sinna**, Kunde; **mehle**, Zunge; (**patti**, sie selbst).

Ausnahmen.

1. Es giebt einige Substantiva, die zugleich männlich und weiblich (Generis communis) sind, auf -a: **nesaprascha**, Thor, Thörin; **nejehga**, Einfaltspinsel; **kuhma**, Pathe; **lauwa**, Löwe, Löwin; **teepscha**, Rechthaber, Rechthaberin; **smirscha**, Stänkerer; **gremscha**, Murrkopf; u. s. w.

2. Es giebt einige wenige Subst. mascul. auf -e: **waggare**, Aufseher; **bende**, Büttel; **ahrste**, Arzt; **kapteine**, Kapitän; **superdente**, Superintendent; u. s. w.

3. Es giebt etliche 40 Substantiva femin. auf -s, davor ein Consonant, die § 53 verzeichnet stehen. Diese alle gehören zu der ächten J=Declination.

4. Das Pronomen **kas**, wer, und die Pronomina der 1. und 2. Person: **es**, ich, und **tu**, du, sind Generis communis, d. h. vertreten beide Geschlechter.

§ 31. Es giebt im Lettischen zwei Numeri, Singular (Einzahl), Pluralis (Mehrzahl).

§ 32. Es giebt im Lettischen heutzutage sechs Casus: Nominativ (wer? was?), Genitiv (wessen?), Dativ (wem?), Accusativ (wen? was?), Vocativ, Locativ (wo? wohin?). Anmerk. 1. Der Vocativ lautet im Sing. masc. oft, im Sing. fem. und im Plural beider Geschlechter immer mit dem Nominativ gleich, so daß wir diesen Casus unten aus den Paradigmen meist weglassen können. Anmerk. 2. Nur der Locativ ist der lettischen Sprache im Vergleich mit der deutschen eigenthümlich. Anmerk. 3. Man könnte eigentlich noch einen Casus angeben, den Instrumental (womit? wodurch?), aber seine Form fällt heutzutage im Singular mit der des Accusativ, im Plural mit der des Dativ zusammen.

§ 33. Die lettische Sprache hat 5 Declinationen, die sich unterscheiden je nach den Endvocalen der Wortstämme, wodurch die Casus-Endungen ihre Eigenthümlichkeit bekommen:
1) A-Declination;
2) unächte J-Declination (i ist hier aus ja entstanden);
3) E-Declination;
4) ächte J-Declination;
5) U-Declination.

Anmerk. Wie zu erkennen ist, welche Substantiva nach der einen oder andern Declination sich beugen, ist unten bei den einzelnen Declinationen angegeben. Ueber die Declination der Adjectiva, Participia, Zahlwörter, Pronomina, folgen die nöthigen Bemerkungen in den betreffenden Abschnitten.

I. A-Declination.

§ 34. Zu der A-Declination gehören:
1) alle Substantiva (und Adjectiva) masculina, deren Nominativ-Endung -s mit vorhergehendem Consonant ist;

Anmerk. Hierzu gehören auch die Substantiva auf -tais, sofern dieses eigentlich für -taj's (am besten vielleicht -tajs zu schreiben), steht, z. B. mahzitais (oder -tajs), Prediger, Genit. mahzitaja.

2) alle Substantiva (und Adjectiva) masculina, deren Nominativ-Endung -sch ist;
3) alle Substantiva (und Adjectiva) feminina (nebst denen Generis communis, § 30, 1), deren Nominativ-Endung -a ist.

Anmerk. Also nicht hierher gehören:
1) die c. 40 Feminina auf -s der (ächten J-Declination (§ 53);
2) ebensowenig die kleine Anzahl von Masculinis unächter J-Declination, die solches i im Nominativ bei schneller Aussprache

nach t, n, f, l, wenig oder gar nicht hören lassen und darnach auch oft ohne das i geschrieben werden (§ 27, § 45).

§ 35. Die Casus=Endungen sind folgende:

	Masc.	Fem.		Masc.	Fem.
Sing.: Nom.	-s (-sch)	-a	Plur.: Nom.	-i	-as
Gen.	-a	-as	Gen.	u	
Dat.	-am	-ai	Dat.	-eem	-ahm
Acc.	-u		Acc.	-us	-as
Locat.	-â		Locat.	-ôs	-âs

Paradigma.
Masculinum.

Sing.: Nom. krohg-s, der Krug   zell-sch, der Weg
Gen. krohg-a, des Kruges   zell-a, des Weges
Dat. krohg-am, dem Kruge   zell-am, dem Wege
Acc. krohg-u, den Krug   zell-u, den Weg
Loc. krohg-â, im Kruge.   zell-â, auf dem Wege.

Plur.: Nom. krohg-i, die Krüge   zell-i, die Wege
Gen. krohg-u, der Krüge   zell-u, der Wege
Dat. krohg-eem, den Krügen   zell-eem, den Wegen
Acc. krohg-us, die Krüge   zell-us, die Wege
Loc. krohg-ôs, in den Krügen.   zell-ôs, auf den Wegen.

Femininum.

Sg.: N. akk-a, der Brunnen   Pl. N. akk-as, die Brunnen
G. akk-as, des Brunnens   G. akk-u, der Brunnen
D. akk-ai, dem Brunnen   D. akk-ahm, den Brunnen
A. akk-u, den Brunnen   A. akk-as, die Brunnen
L. akk-â, in dem Brunnen.   L. akk-âs, in den Brunnen.

Andere Beispiele. Mascul.: mahl-s, Lehm; maiss-s, Sack; kung-s, Herr; mat-s, Haar; kap-s, Grab; nam-s, Haus; gal-s, Ende; gan s, Hirt; gar-s, Geist; — wehj-sch, Wind; kaimin-sch, Nachbar; kar-sch, Krieg.
Femin.: seem-a, Winter; meit-a, Mädchen; leep-a, Linde; — sinn-a, Kunde; gohl-a, Nest, Lager; kahj-a, Fuß; audej-a, Weberin.

Bemerkungen.

§ 36. 1. Im Nom. Sing. masc. auf -s, wenn diesem ein s, ſ, sch, sn, sl, sl, tn, tr, dr, pn, pr, br, gr, kl vorhergeht, erscheint dazwischen um der leichteren Aussprache willen oft ein i, das in der Schrift eigentlich weggelassen werden müßte.

Jedenfalls gehören solche Wörter nicht zu der unächten J=Declination. Beisp.: weef(i)-s, Gast; kummof(i)-s, Bissen; milf(i)-s, Riese; pakfch(i)-s, Norke; krehfl(i)-s, Stuhl; putn(i)-s, Vogel; beedr(i)-s, Genosse; stembr(i)-s, Halm; arkl(i)-s, Pflug; krekl(i)-s, Hemd; u. s. w. (Adjj.: taifn(i)-s, gerecht; grefn(i)-s, schön; lepn(i)-s, stolz; stipr(i)-s, stark; stingr(i)-s, steif.)

§ 37. 2. Bei den Nominativen auf fch, davor ein Vocal, kann man noch nicht ersehen, ob der Stamm auf fch oder auf fch endigt. Erst aus dem Genitiv zeigt sich dieses. Beisp.: mefch, Wald, Genit. mefcha; muhfch, Lebenszeit, Gen. muhfcha; Adjectiv plafch, breit, Gen. plafcha.

§ 38. 3. Der Vocativ Sing. der Masculina auf -s (-fch) ist gleich dem Nominativ, z. B. Deews, Gott! kungs, Herr! mahzitajs, Prediger! — außer bei Eigennamen und den Substantiven auf -necks, -ejs, -infch. Hier nämlich unterscheidet sich der Vocativ vom Nominativ durch Abfall des -s (-fch). Beisp.: Kristap, Christoph! Jehkab, Jacob! kurpneek, Schuhmacher! kalej, Schmid! wihrin, Männchen! Ebenso auch tehw, Vater! Die Feminina auf -ina, lassen ebenso das -a fallen: meitin, Mädchen! firfnin, Herzchen!

§ 39. 4. In Betreff des letzten Stammconsonanten der Masculina auf -s (-fch) und dessen Verdoppelung in allen Casus außer dem Nom. Sing. gilt § 17.

§ 40. 5. Die Substantiva fem. dieser Declination auf -a und die der E=Declination auf -e unterscheiden sich, wenn ja vielleicht die Nominativ=Endung undeutlich ausgesprochen wird, sicher nach dem Acc. Sing., der in der A=Declination auf -u, in der E=Declination auf -i endigt.

§ 41. 6. Die Substantiva beiderlei Geschlechts auf -a (§ 30, 1) beugen sich als Feminina nach akka, als Masculina ebenfalls, nur daß der Dat. Sing. dann stets auf -am lautet, z. B. flepkaw-am, dem Mörder. Die Pluralformen masc. schwanken: flepkawas und flepkawi, die Mörder; kuhmas und kuhmi, die Pathen.

§ 42. 7. Es giebt im Lettischen Substantiva fem. reflexiva, die eine Handlung bezeichnen, welche sich auf den Handelnden selbst zurückbezieht, auf -fchanahs, die sich folgendermaßen beugen:

Sing.: Nom. kaufchan-ahs, das sich=schlagen
   Gen. kaufchan-ahs, des sich=schlagens
   Dat. kaufchan-ahs, dem sich=schlagen
   Acc. kaufchan-ohs, das sich=schlagen
   Loc. kaufchan-ahs, in dem sich=schlagen.

Einen Plural giebt es hier nicht.

Ebenso: satikschanahs, das sich=begegnen; kauleschanahs, das mit einander feilschen; masgaschanahs, das sich=baden (=waschen); palaischanahs, das sich=gehen=lassen.

2. Unächte J=Declination.

§ 43. Zur unächten J=Declination gehören alle Substantiva masculina, deren Nominativ auf –is endigt. Anmerk. Als Ausnahmen lassen sich höchstens die §.36 bezeichneten Masculina auf –(i)s erwähnen.

§ 44. Die Casus=Endungen sind folgende:

Sing.:	Nom.	–is	Plur.:	Nom.	–ji
	Voc.	–i		Gen.	–ju
	Gen.	–ja		Dat.	–jeem
	Dat.	–im oder –jam		Acc.	–jus
	Acc.	–i oder –ju		Loc.	–jôs
	Loc.	–i			

Anmerk. Das j in obigen Casus=Endungen verschmilzt mit den vorhergehenden Consonanten nach der Regel § 23: nj wird ņ, lj — ļ, rj — ŗ, fj — sch, tj — sch, zj — tsch, sj — sch, dj — sch, dsj — dsch, kj und gj bleiben k, g. Daraus erhellt, daß die unächte J=Declination von der Declination der Subst. masc. auf –sch (A=Declination, Paradigma zelsch) sich nur im Nominativ, Vocativ, Locativ und zum Theil auch im Dativ und Accus. Sing. unterscheidet. In diesem Casus nämlich allein erscheint hier das i wovon die Declination ihren Namen hat.

Paradigma.

Sing.: Nom. sapn–is, der Traum
Voc. sapn–i, Traum
Gen. sapna (d. i. sapn–ja), des Traumes
Dat. sapn–im od. sapnam (d. i. sapn–jam), dem Traum
Acc. sapn–i od. sapnu (d. i. sapn–ju), den Traum
Loc. sapn–î, im Traum.

Plur.: Nom. sapņi (d. i. sapn–ji), die Träume
Gen. sapņu (d. i. sapn–ju), der Träume
Dat. sapņeem (d. i. sapn–jeem), den Träumen
Acc. sapņus (d. i. sapn–jus), die Träume
Loc. sapņôs (d. i. sapn–jôs), in den Träumen.

Andere Beispiele: brahl–is, Bruder; meh–ris, Pest; mehnef–is, Monat; Leit–is, Litthauer; lahz–is, Bär; wehf–is, Krebs; breed–is, Elen; dadf–is, Klette; gulb–is, Schwan; zihm–is,

Gesicht; **klehp-is**, Schooß; **burw-is**, Zauberer; **krakk-is**, Schemel; **kugg-is**, Schiff.

Bemerkungen.

§ 45. 1. Das i der Nominativ-Endung geht bei mehrsylbigen Wörtern hinter t, n, s, l in Folge nachlässigen Sprechens leicht verloren. Die Schrift bewahrt es besser. Beispiele siehe § 27. Der Genitiv mit der Trübung des letzten Stammconsonanten beweist hier die Zugehörigkeit zu der unächten J-Declination. Vergl. auch § 36.

§ 46. 2. Der Vocativ Sing. weicht hier immer ab von der Nominativform, indem entweder das s des Nominativs allein oder das ganze –is abfällt. Beisp. **Jahni**! oder **Jahn'**! Johann! **Sprizzi**! oder **Sprizz'**! Fritz! **brahli**! oder **brahl'**! Bruder! **brahliti**! oder **brahliht'**! Brüderchen! **puisi**! **puis'**! oder **puisch**! (§ 23) Junge!

§ 47. 3. Die Formen des Dativs auf **–im** und des Accusativs auf **–i** sind in der Schrift die empfehlenswertheren. Die des Dativ auf **–jam** und des Acc. auf **–ju** sind heimisch in Westkurland.

3. E-Declination.

§ 48. Zur E-Declination gehören alle Substantiva, deren Nominativ auf –e endigt. Meist sind es Feminina, ein kleiner Theil sind Masculina (§ 30, 2).

§ 49. Die Casus-Endungen sind folgende:

Sing.: Nom. –e   Plur.: Nom. –es
       Gen. –es   Gen. –ju
       Dat. –ei   Dat. –ehm
       Acc. –i   Acc. –es
       Loc. –ê   Loc. –ês

Anmerk. Das j in der Endung des Genit. Plur. verschmilzt regelmäßig mit dem vorhergehenden Consonant (nach § 23). Dadurch und durch das i im Accus. Sing. unterscheidet sich diese Declination wesentlich von der weiblichen A-Declination. Denn im übrigen entsprechen alle Formen einander, nur daß dort a, hier e in der Endung steht.

Paradigma.

Sg.: N. **mehl-e**, die Zunge · Pl.: N. **mehl-es**, die Zungen
     G. **mehl-es**, der Zunge   G. **mehlu** (d. i. **mehl-ju**), der Z.
     D. **mehl-ei**, der Zunge   D. **mehl-ehm**, den Zungen
     A. **mehl-i**, die Zunge   A. **mehl-es**, die Zungen
     L. **mehl-ê**, auf der Zunge.   L. **mehl-ês**, auf den Zungen.

Andere Beispiele: sahl-e, Gras, Pl. Kräuter, Arzenei; swezze, Licht; pukkite, Blümchen; bitte, Biene.

Bemerkungen.

§ 50. 1. Der Vocativ der mehrsylbigen Feminina auf -ite wirft gern den Endvocal ab, z. B. **pukkiht'**! Blümchen! **bittiht'**! Bienchen.

§ 51. 2. Der Genitiv Plur. zeigt im reinsten Dialect bei weitem nicht die Unregelmäßigkeiten, die die früheren Grammatiker angeben. Sogar neben **mahtu, puffu** kommt **mahschu, puschu** von **mahte**, Mutter, **puffe**, Hälfte, vor. **juhdsu** und **draudsu** (neben **juhdschu** und **draudschu**) von **juhdse**, Meile, **draudse**, Gemeinde, ist keine Ausnahme, weil ds schon an sich = gj. **aschku** (astju), **werschku** (werstju), **rihkschku** (rihkstju, rihkschu), **maikschku** (maikstju), **swaigschnu, swirgschu** (swirgsdju), sind nach § 21. 23. ganz regelmäßige Genitive von **aste**, Schweif, **werste**, Werst, **rihkste**, Ruthe, **maikste**, Hopfenstange, **swaigsne**, Stern, **swirgsde**, Kies.

Genitive dagegen wie **behrsu, rihkstu** kommen nicht von **behrse, rihkste**, sondern von **behrss**, Birke, **rihksta**, Ruthe.

§ 52. 3. Die Masculina auf -e (§ 30, 2) folgen in der Regel der Beugung der Feminina, außer daß der Dativ Sing. stets auf -em lautet: **bendem**, dem Büttel. Nicht selten aber finden sich Casusformen nach der unächten J=Declination, z. B. **waggaris** neben **waggare**, Aufseher; Genit. **waggara**, neben **waggares**, u. s. w.

4. Ächte J=Declination.

§ 53. Zur ächten J=Declination gehören folgende Substantiva feminina:

af-s, Faden (v. 6 oder 7 Fuß)
asoht-s, Busen
aus-s, Ohr
aw-s, Schaf
az-s, Auge
balss-s, Stimme
(bikt-s, Beichte)
birs-s, Saatstreif
blakt-s, Wanze
(boht-s neben bohte, bohde, Bude)
(dakt-s, Docht)
(deenast-s, Dienst)
gohw-s, Kuh
ilks-s, Femer
iskapt-s, Sense
(jakt-s, Jagd)
juht-s, Gelenk
kahrt-s, Zaunstange
kleht-s, Speicher
klint-s, Fels
krahsn-s, Ofen
(kriht-s, Kreide)
kruht-s, Brust
kuht-s, Viehstall
kurt-s, Windhund

lakt-s, Hühnerstange
lukt-s, Boden, Oberlage (?)
(makt-s, Macht)
nakt-s, Nacht
ohlekt-s, Elle
pahkst-s, Schote
pil-s, Schloß, Burg
pirt-s, Badstube
plaukst-s, flache Hand
sagt-s, Schnalle, Spange
sahl-s, Salz
sird-s, Herz
smilt-s (smilkt-s), Sand
siw-s (suw-s), Fisch
sohs-s, Gans
schult-s, Galle
(telt-s, Zelt)

ut-s, Laus
waht-s, Wunde
(waht-s neben wahte, Faß)
walst-s, Reich, Herrschaft
wehst-s, Nachricht
zilt-s, Familie, Herkunft
dsels-s, Eisen.

Nur im Plural kommen
vor:

durw-is, Thür
makst-is, Degenscheide
nahs-is, Nasenlöcher, Nase
sprukst-is, heiße glühende Asche

und ein Masculinum:

laud-is, Leute.

§ 54. Die Casus-Endungen sind folgende:

Sing.: Nom. -s
   Gen. -s
   Dat. -ij oder -î
   Acc. -i
   Loc. -î

Plur.: Nom. -is
   Gen. -ju
   Dat. -ihm
   Acc. -is
   Loc. -îs

Anmerk. Das j des Genit. Plur. verschmilzt regelmäßig nach § 23 mit dem vorhergehenden Consonanten.

Paradigma.

Singular: Nom. sird-s, das Herz
    Gen. sird-s, des Herzens
    Dat. sird-ij oder sird-î, dem Herzen
    Acc. sird-i, das Herz
    Loc. sird-î, in dem Herzen.

Plural: Nom. sird-is, die Herzen
   Gen. sirschu (d. i. sird-ju), der Herzen
   Dat. sird-ihm, den Herzen
   Acc. sird-is, die Herzen
   Loc. sird-is, in den Herzen.

Bemerkungen.

§ 55. 1. Die Dativform -ei ist in der Schrift nicht zu empfehlen, sie stammt von einem Nominativ auf -e und ist meist in Westkurland üblich. Beisp. **asohte, blakte, gohwe, ilkse, iskapte, kahrte, klehte, pahkste** u. s. w.

§ 56. 2. Die Dativform Plur. auf -im mit kurzem ĭ ist in der Schrift nicht zu empfehlen, wenn sie auch an einzelnen Orten vielleicht gehört wird. Schreib also **azzihm**, nicht **azzim**, **durwihm**, nicht **durwim**.

§ 57. 3. Der Genit. Plur. zeigt nicht so viele Unregelmäßigkeiten, als die früheren Grammatiker angeben. Allerdings hört man wohl als wirkliche Ausnahmen: **affu, sohsu, uttu, walstu, ziltu**, ohne Trübung des f, t, aber ein Genitiv **azzu** (s. **ak-ju**) ist regelmäßig von **azs** (s. **ak-is**). Genitive wie **balsu, deenastu, kurtu, plaukstu** sind regelmäßig nach der A-Declination von den Masculin. **bals-s, deenast-s, kurt-s** und dem Femin. **plaukst-a**, gebildet; und gar nichts auffallendes haben nach § 21 Genitivformen wie **plaukschku, pahtschku** u. dergl.

Anhang.
Unregelmäßige Declination.

§ 58. Sieben Masculina auf —ens : **akmen-s**, Stein; **asmen-s**, Schärfe; **dibben-s (dibbin-s)**, Boden (eines hohlen Gefäßes); **rehmen-s**, Sodbrennen; **rudden-s**, Herbst; **sibben-s**, Blitz; **tesmen-s (tesmin-s)**, Euter; beugen sich in einzelnen Casusformen nach der ächten, in andern nach der unächten J-Declination.

Paradigma.

Sing.: Nom. **akmen-s**, der Stein
      Voc. **akmen!** Stein!
      Gen. **akmen-s** oder **akmena** (d. i. **akmen-ja**), des Steins
      Dat. **akmen-im**, dem Stein
      Acc. **akmen-i**, den Stein
      Loc. **akmen-î**, in dem Stein.
Plur.: Nom. **akmeni** (d. i. **akmen-ji**), die Steine
      Gen. **akmenu** (d. i. **akmen-ju**), der Steine
      Dat. **akmeneem** (d. i. **akmen-jeem**), den Steinen
      Acc. **akmenus** (d. i. **akmen-jus**), die Steine
      Loc. **akmenôs** (d. i. **akmen-jôs**), in den Steinen.

Anmerk. **dibben-s** und **tesmen-s** beugen sich auch nach der A-Declination.

§ 59. **uhden-s**, Wasser und **uggun-s**, Feuer, schwanken erstlich zwischen männlichem und weiblichem Geschlecht und beugen sich zwar nach **akmen-s**, doch so, daß auch der Dat. Plur. **uhden-ihm** und **uggun-ihm**, und der Accus. Plur. **uhden-is** und **uggun-is** vorkommt.

§ 60. aſſin-s, Blut, iſt im Sing. männlichen Geſchlechts, Gen. aſſin-s, Dat. aſſin-im, Accuſ. aſſin-i, Loc. aſſin-i; im Plur. weiblichen Geſchlechts: aſſin-is u. ſ. w. nach der ächten J-Declination.

§ 61. mehneſ-s, Mond (masc.), beugt ſich genau nach akmen-s (§ 58); debbeſ-s, Himmel (femin.), richtet ſich genau nach dem Paradigma von ſird-s, nur daß der Gen. Plur. debbeſ-u lautet.

5. U-Declination.

§ 62. Zur U-Declination gehören alle Subſtantiva auf –us, namentlich folgende Masculina:

all-us, Bier
klepp-us, Huſten
ledd-us, Eis
leet-us, Regen
medd-us, Honig
tirg-us, Markt
wilt-us, Betrug; und vielleicht wenige andere.

Sodann zwei, die auch als Feminina erſcheinen:

widd-us, Mitte wirſ-us, Oberfläche.

§ 63. Die Caſus-Endungen ſind folgende:

Singular: Nom. –us
Voc. –u
Gen. –us
Dat. –um
Acc. –u
Loc. –û

Paradigma.

Singular: Nom. all-us, das Bier
Gen. all-us, des Bieres
Dat. all-um, dem Biere
Acc. all-u, das Bier
Loc. all-û, in dem Bier.

Bemerkungen.

§ 64. 1. Ein Plural findet ſich in dieſer Declination nicht. Iſt er nothwendig, ſo bildet er ſich nach der A-Declination, in die auch der Singular zuweilen übergeht. Beiſp. tirg-i, Märkte; widd-i, Mitten; — ſtrihd-us neben ſtrihd-s, Streit; ſchohg-us neben ſchohg-s, Zaun; u. ſ. w.

§ 65. 2. Nach der U-Declination beugen ſich viele bibliſche Eigennamen, z. B. Mohſ-us, Moſes; Matte-us, Matthäus; Pilat-us; Jeſ-us Kriſt-us; ferner Taufnamen, wie Jng-us (= Indrikis), Heinrich; Lihb-us (= Lihba), Eliſabeth; u. ſ. w.

Für diese Namen ist die allein richtige, oft aber im Gebrauch übersehene Vocativform auf –u streng zu merken, z. B. **Jesu Kristu!**

§ 66. 3. Es giebt vier nur im **Plural** vorkommende Substantiva femin. auf –us: **pell-us**, Spreu; **ragg-us**, Schlitten; **dsirn-us**, Handmühle; **wasch-us**, Borkschlitten, die aber nur uneigentlich hier hergehören, da die Endung aus **-awas** (A-Declination) zusammengezogen ist.

Paradigma.

Plur.: Nom. **pell-us** f. pell-awas, die Spreu
   Gen. **pell-u** f. pell-awu, der Spreu ·
   Dat. **pell-uhm** f. pell-awahm, der Spreu
   Acc. **pell-us** f. pell-awas, die Spreu
   Loc. **pell-ûs** f. pell-awâs, in der Spreu.

In manchen Gegenden hört man auch die vollständigeren Formen.

II. Adjectiv (Eigenschaftswort).

§ 67. Das lettische Adjectiv hat nur **zwei Geschlechter**, Masculinum und Femininum, **kein Neutrum**. Die Beugung richtet sich stets nur nach der A-Declination, also die des Mascul. nach dem Paradigma von **krohg-s** (oder **zel-sch**), die des Femin. nach dem von **akk-a**. Beisp. **lab-s**, gut, fem. **labb-a**; **mas-s**, klein, fem. **mas-a**; **sal-sch**, grün, fem. **salka**. Beachte für **lepn(i)-s**, stolz, fem. **lepn-a**; **drohsch**, dreist, fem. **drohsch-a**; **lab-s**, gut, fem. **labb-a**; § 36. 37. 39. 17.

§ 68. Jedes lett. Adjectiv kann nach Bedürfniß eine **definite (bestimmte)** Form bilden, indem es am Ende das im Oberlande auch für sich noch gebräuchliche Pronomen demonstrativum (hinweisende Fürwort) **jis**, der, fem. **ja**, die, sich anfügt. Beispiel: **schehlihgs**, gnädig, **schehligais (schehligaj[i]s)**, der gnädige; **mihlsch**, lieb, **mihlais (mihlaj[i]s)**, der liebe. Ganz entsprechende Bildungen giebt es im Litthauischen, Russischen, Deutschen.

§ 69. Die Endungen des definiten Adjectivs erscheinen oft vollständig, noch öfter aber wohl zusammengezogen nach folgendem Paradigma.

Masculinum.

		Vollständig.		Verkürzt.
Sing.:	Nom.	labba-jis	—	labb-ais od. –ajs, der gute
	Voc.	—	—	labb-o
	Gen.	labba-ja	—	labb-ā
	Dat.	labba-jam	—	(labb-am)
	Acc.	labba-ju	—	labb-o
	Loc.	labba-jā	—	(labb-â).

Masculinum.

		Vollständig.		Verkürzt.
Plur.:	Nom.	labba-ji	—	labb-ee
	Gen.	labba-ju	—	labb-o
	Dat.	labba-jeem	—	(labb-eem)
	Acc.	labba-jus	—	labb-ohs
	Loc.	labba-jôs	—	(labb-ôs).

Femininum.

		Vollständig.		Verkürzt.
Sing.:	Nom.	labba-ja	—	labb-ā
	Voc.	labba-ja	—	labb-ā
	Gen.	labba-jas	—	labb-ahs
	Dat.	labba-jai	—	(labb-ai)
	Acc.	labba-ju	—	labb-o
	Loc.	labba-jâ	—	(labb-â).
Plur.:	Nom.	labba-jas	—	labb-ahs
	Gen.	labba-ju	—	labb-o
	Dat.	labba-jahm	—	(labb-ahm)
	Acc.	labba-jas	—	labb-ahs
	Loc.	labba-jâs	—	(labb-âs).

Bemerkungen.

§ 70. 1. Die eingeklammerten verkürzten Dativ- und Locativformen sind für die Schrift nicht empfehlenswerth. Man braucht besser die entsprechenden vollständigen.

§ 71. 2. Abgesehen eben von den Dativen und Locativen (Pkt. 1) unterscheiden sich die Casusformen der verkürzten Definiten Declination von denen der indefiniten Declination wesentlich durch die Länge des Vocallautes in der Endung ā für a, ee für i, o für u. Diese Länge namentlich auch des a in dem Nomin. (Vocat.) Sing. fem. ist ja nicht zu übersehen.

§ 72. 3. Bedarf man einer adjectivischen Vocativform, so muß stets die definite gebraucht werden, die meist gleich dem Nominativ ist, nur daß im Sing. mascul. gern -o gebraucht wird. Beisp. mihlo tehtiht'! liebes Väterchen! Deewin schehligo! gnädiges Gottchen! mihlee draugi! liebe Freunde!

---

§ 73. Zur Comparativbildung dient die Endung -ahks (masc.), -aka (fem.). Beisp. lab-s, gut, labb-ahks, besser, fem. labb-aka; leel-s, groß, leel-ahks, größer, fem. leel-aka. Doch vermeide abgeleitete Adjectiva (z. B. die auf -ihgs oder -ainsch) gern solche Comparativbildung und ziehen lieber eine Umschreibung etwa mittelst **jo** oder **wairahk**, mehr, vor, z. B. **turrihgs**, wohlhabend, Compar.: **jo turrihgs** neben **turrigahks**, wohlhabender; **miltainsch**, mehlig, Compar.: **wairahk miltainsch** neben **miltainahks**, mehliger.

Anmerk. Soll das Mehr des Comparativbegriffs als ein kleines bezeichnet werden, so schiebt der Lette die Verkleinerungssylbe **–in–** vor die Comparativ-Endung ein, z. B. **mas–in–ahks**, etwas kleiner; **garr–in–ahks**, etwas länger.

§ 74. Als Superlativ braucht der Lette die definite Form des Comparativs (meist mit dem Artikel und oft mit dem vorgesetzten Genit. Plur. **wissu**, „von Allen"), z. B. **tee tuwakee raddi**, die nächsten Verwandten; **tas wissumihlakajs draugs**, der allerliebste Freund; **tas gudrakajs padohms**, der klügste Rath. Bei den abgeleiteten Adjectiven müssen Umschreibungen helfen: **tas wissuspehzigajs Deews**, der allmächtige, über Alle mächtigste Gott; **par wisseem tas baggatajs**, über Alle der reichste.

§ 75. Gewisse Casusformen der Adjectiva dienen als Adverbia:
1) mit der Endung **–ai**, z. B. **wiss–ai**, gänzlich v. **wis–s**; (**tahd–ai**, auf solche Weise, v. **tahd–s**, ein solcher; **nekahd–ai**, auf keine Weise, v. **nekahd–s**, keiner);
2) mit der Endung **–i**, z. B. **labb–i**, gut; **jauk–i**, freundlich, heiter; **kaunig–i**, schamhaft; von **lab–s**, **jauk–s**, **kaunihg–s** (§ 22). Nicht selten fällt dieses i ab z. B. in **mas**, wenig; **pehrn**, im vorigen Jahr; **aplam**, unbedachtsam; u. s. w.;
3) mit der Endung **–am**, **–u**, **–an**, **–im**, z. B. **kluff–am**, **kluff–u**, v. **kluf–s**; **lehn–am**, sacht, v. **lehn–s**; **wehl–u**, spät; **tuw–u**, nah; **tahl–u**, fern, v. **tahlsch**; **pat–labban**, gerade recht; **zaur zaur–im**, ganz hindurch; **pahr pahr–im**, ganz hinüber.

III. Zahlwort.

§ 76. Die Grund- und Ordnungszahlen mit ihrem Werthe sind:

1. ween-s, fem. weena   pirm–ajs, fem. pirmā
2. diw-i   ohtr–s, fem. ohtrā

Anmerk. Declination von **diwi**:

	Mascul.	Femin.
Nom.	diwi	— diwi (diwas, diwjas)
Gen.		diwju
Dat.	diweem (diwjeem)	— diwahm (diwjahm)
Acc.		diwi
Loc.	diwôs, diwjôs	— diwâs, diwjâs.

3. trih̃-s   tresch-ajs, fem. tresch-ā

Anmerk. Declination von trih̃-s:

	Masc.	Fem.
Nom.	trih̃s	
Gen.	triju	
Dat. } od. trijeem	trim	trijahm
Acc.	trih̃s	
Loc. } od. trijôs	triŝ	trijâs.

4. tschetr-i, fem. -as   zetturt-ajs, fem. -ā
5. peez-i, fem. -as   peekt-ajs, fem. -ā
6. sesch-i, fem. -as   sest-ajs, fem. -ā
7. septin̄-i, fem. -as   septīt-ajs, fem. -ā
8. aston-i, fem. -as   astot-ajs, fem. -ā
9. dewīn-i, fem. -as   dewīt-ajs, fem. -ā
10. desmit   desmit-ajs, fem. -ā

Anmerk. Die Form desmit ist indeclinabel (d. h. vertritt ohne Beugung alle Casus). Dagegen beugt sich allerdings, theils nach der ächten J-Declination, theils nach der A-Declination das Substantiv mascul. (zuweilen femin.) desmit-s.

Sg.: N. desmit-s   Pl.: N. desmit-i
     G. desmit-s   D. desmit-eem, fem. -ahm
     D. desmit-am   L. desmit-ôs, fem. -âs.
     A. desmit-u
     L. desmit-â.

Der Plural wird in beiden Geschlechtern auch adjectivisch gebraucht, als Hauptwort gilt im Plur. nur das Masculinum.

11. ween-pa-dsmit   ween-pa-dsmitajs, fem. -ā
12. diw-pa-dsmit   diw-pa-dsmitajs, fem. -ā
13. trih̃s-pa-dsmit   trih̃s-pa-dsmitajs, fem. -ā
14. tschetr-pa-dsmit   tschetr-pa-dsmitajs, fem. -ā
15. peez-pa-dsmit   peez-pa-dsmitajs, fem. -ā
16. sesch-pa-dsmit   sesch-pa-dsmitajs, fem. -ā
17. septihn-pa-dsmit   septihn-pa-dsmitajs, fem. -ā
18. aston-pa-dsmit   aston-pa-dsmitajs, fem. -ā
19. dewihn-pa-dsmit   dewihn-pa-dsmitajs, fem. -ā
20. diwi-desmit   diw-desmitajs, fem. -ā
21. diwi-desmit (un) weens   diwi-desmit pirmajs, -ā
22. diwi-desmit (un) diwi   diwi-desmit ohtrs, fem. -ā
         u. s. w.   u. s. w.

30. trihs-desmit	trihs-desmitajs, fem. -ā
40. tschetr-desmit	tschetr-desmitajs, fem. -ā
50. pеez-desmit	peez-desmitajs, fem. -ā
60. sesch-desmit	sesch-desmitajs, fem. -ā
70. septihn-desmit	septihn-desmitajs, fem. -ā
80. aston-desmit	aston-desmitajs, fem. -ā
90. dewihn-desmit	dewihn-desmitajs, fem. -ā
100. simt	simtajs, fem. -ā

Anmerk. simt vertritt ungebeugt alle nöthigen Casus. Dagegen wird das vollständige Substantiv simt-s genau nach der Form von desmit-s decliniert.

200. diwi-simt
300. trihs-simt
   u. s. w.
1000. tuhkstosch   tuhkstotais, fem. -ā

Anmerk. tuhkstosch vertritt indeclinabel alle nöthigen Casus. Das Subst. tuhkstot-is wird also decliniert:

  Gen. tuhkstoscha
  Dat. tuhkstotim oder tuhkstoscham
  Acc. tuhkstoti oder tuhkstoschu
  Loc. tuhkstoti oder tuhkstoschâ.

Der Plural (substantivisch im Masculin, adjectivisch in beiden Geschlechtern gebraucht) lautet im Nom. tuhkstoschi, fem. tuhkstoschas u. s. w.

1 000 000. millijons
1 000 000 000 000. billijons

§ 77. Die Grundzahlen 1 und 4—9 beugen sich regelmäßig nach der A-Declination durch beide Geschlechter; 2—9 erscheinen aber auch nicht selten ohne Beugung, sei es in verkürzter Gestalt: tschetr', peez', sesch' u. s. w., oder in der Nominativform: septini z. B. seewas, sieben Weiber; diwi meitahm, für zwei Mägde. 11—19 sind fast immer indeclinabel. Bei den Zwischenzahlen von 21—99 wird der Zehner nie gebeugt, der Einer kann gebeugt werden oder auch nicht; nur weens muß gebeugt werden, z. B. diwidesmit un weena seewa, ein und zwanzig Weiber. Bei den Zwischenzahlen von 101—999 werden 1—10 an simts immer, 11—19 gewöhnlich, die runden Zehner nur bei Nachdruck, mit un, die mit Einern zusammengesetzen Zehner in der Regel ohne un angehängt. Vor dem letzten Einer fehlt bei solchen größeren Zahlen un nicht leicht. Beisp. simt(s) un tschetri (104); diw-simt(s) (un) peezpadsmit (215); trihs-simt(s) (un) septihndesmit (370); tschetr-simt(s) sesch-desmit un dewini (469).

Schon aus diesen Beispielen erhellt, daß bei Verbindung der Hunderts, Zehner- und Einer-Zahlen die Reihenfolge streng nach der der Ziffern oder eben nach dem Werthe der Zahlen sich richtet.

§ 78. Die Ordnungszahlen haben allesammt außer **ohtrs**, der zweite (andere), definite Form und beugen sich demgemäß (§ 69), jedoch stets mit der verkürzten Endung. Alle mehrgliedrigen Ordnungszahlen lassen alle voranstehenden Glieder in der Grundform und geben nur dem letzten Gliede, dem im Range kleinsten, die Ordnungsform. Beisp. **diwdesmit trejchajs**, der drei und zwanzigste; **tuhkstohfch astonsimt seschdesmit un festâ gabdâ**, im 1866ten Jahre. Hiernach unterscheide: **tschetrdesmitajs**, der vierzigste, und **zetturtajs desmits**, das vierte Zehn (31—40 zusammen).

§ 79. Sammelzahlen sind die schon erwähnten Substantiva: **desmits** (10), **simts** (100), **tuhkstotis** (1000); ferner **abbi**, beide, das sich genau nach **diwi** decliniert (§ 76); endlich: **metteens**, Wurf, Zahl von 3, z. B. Fischen, Krebsen; **kahls**, Band, Zahl von 30, z. B. Fischen; **pahris**, Paar (2 oder unbestimmt: einige); **duzzis**, Dutzend; **schaks**, Schock (60).

§ 80. Artzahlen bilden sich auf -**ahds**, fem. -**ada**, z. B.: **ween-ahds**, einerlei; **diwej-ahds**, zweierlei; **trej-ahds**, dreierlei; **ohtr-ahds**, auf die andere Art; **abbej-ahds**, beiderlei.

§ 81. Multiplicative Zahladverbien sind
1) **ween-kahrt**, einfach; **diw-kahrt**, zweifach; **trihs-kahrt**, dreifach, u. s. w., wovon die Adjectiva **weenkahrtihgs, diwkahrtihgs**; u. s. w.;
2) **ween-reis**, einmal; **diwi-reis**, zweimal; **desmit-reis**, zehnmal, u. s. w.

IV. Pronomen (Fürwort).

§ 82. Die geschlechtlosen Personal-Pronomina:

	1. Person.	2. Person.	Reflexiv (§ 259.)
S.: N.	**es**, ich	**tu**, du	
G.	**mannis**, meiner	**tewis**, deiner	**sewis**, seiner
D.	**mannim, mannihm, man**, mir	**tewim, tewihm, tew**, dir	**sewim, sewihm, sew**, sich
A.	**manni, man**, mich	**tewi, tew**, dich	**sewi, sew**, sich
L.			**sewî**, in sich.
P.: N.	**mehs**, wir	**juhs**, ihr	
G.	**muhsu (muhs)**, unser	**juhsu (juhs)**, euer	Plur. = Sing.
D.	**mums**, uns	**jums**, euch	
A.	**muhs**, uns	**juhs**, euch	

Anmerk. Hiervon abgeleitet sind die Possesiva (adjectivische Besitzpronomina): mans, mein, fem. manna; taws, dein, fem. tawa; saws, sein, fem. sawa, letzteres nur in reflexivem Gebrauch (§ 259) wie das russ. свой; — aller Beugung richtet sich nach der A=Declination. Die definiten Formen wandeln den letzten Stammvocal a zu e: tee manneji, die Meinigen; tee taweji, die Deinigen; tee saweji, die Seinigen (reflexiv).

§ 83. Die drei Demonstrativpronomina (hinweisenden Fürwörter) sind:

    tas, tā, der (da), die (da);
    schis, schī, dieser, diese;
    winsch, winna, jener, jene.

	Masc.	Femin.
Sg.: Nom.	tas, der	tā, die
Gen.	tū (to), des	tahs, der
Dat.	tam, dem	tai, der
Acc.	to, den	to, die
Loc.	tai, tâ, tannî, in dem	tai, tâ, tannî, in der
Pl.: Nom.	tee, die	tahs, die
Gen.	to, der	to, der
Dat.	teem, den	tahm, den
Acc.	tohs, die	tahs, die
Loc.	tôs, tannîs, tais, in den	tâs, tannîs, tais, in den

Anmerk. Der alte Genitiv S. masc. to kommt nur noch selten vor in der Verbindung: to waijaga, das ist nöthig, dessen bedarf es; vergl. ko waijaga, wessen bedarf es; scho waijaga, dieses ist nöthig; pee to, bei dem.

	Masc.	Femin.
Sg.: Nom.	schis, dieser	scha, schī, diese
Gen.	schā (scho), schī, dieses	schahs, schihs, dieser
Dat.	scham, schim, diesem	schai, schij, dieser
Acc.	scho, diesen	scho, diese
Loc.	schai, schâ, schinnî, schî, in diesem	schai, schâ, schinnî, schî, in dieser.
Pl.: Nom.	schee, diese	schahs, schihs, diese
Gen.	scho, dieser	scho, dieser
Dat.	scheem, diesen	schahm, schihm, diesen
Acc.	schohs, diese	schahs, schihs, diese
Loc.	schôs, schais, schinnîs, schîs, in diesen.	schâs, schinnîs, schîs, in diesen.

winsch, winna beugt sich regelmäßig nach der A=Declination.

Anmerk. Ableitungen von **tas** und **schis** sind: **tahds**, fem. **tahda**, solcher, solche (von der Art); **schahds**, fem. **schahda**, solcher, solche (von dieser Art). Die Zusammenstellung **schahds tahds** hat eine verächtliche Nebenbedeutung.

§ 84. **pats**, selbst, fem. **patti (patte)**, beugt sich durch alle folgende Casus nach der A=Declination, als ob der Nom. **pasch**, fem. **pascha** (letztere Form kommt auch vor, aber seltener; vergl. **ih-pasch**, besonders, eigenthümlich, fem. **ih-pascha**), lautete, Genit. **pascha**, **paschas**, Dat. **pascham**, **paschai** u. s. w.

§ 85. Das nur substantivische Interrogativ und Relativ (fragende und bezügliche Fürwort) **kas**, wer; welcher, welche, vertritt mit derselben Form beide Geschlechter und beide Numeri (Singul. und Plural). Die Declination folgt der von **tas**.

Masc. u. Femin.
S. u. Pl.: Nom. **kas**
Gen. **kā** (**ko** § 83, Anmerk.)
Dat. **kam**
Acc. **ko (kam)**
Loc. **kannî**.

Anmerk. Die Zusammensetzung mit der Negation lautet: **nekas**, Niemand (nichts); über dessen Betonung siehe § 28.

Ableitungen vom Relativstamm sind die adjectivischen **katrs**, **kursch**, **kahds** (Beugung nach der A=Declination).

katrs, fem. **katra**, welcher, welche von beiden, sehr oft auch oder öfter = jeder, jede von beiden, im letzteren Sinn daneben: **ikkatrs**, fem. **ikkatra**; negativ: **nekatrs** (subst. und adject.), Niemand oder keiner von beiden.

kursch, fem. **kurra**, welcher, welche (aus einer bestimmten Anzahl) — adjectivisch und substantivisch; indefinit.: **kà kursch** (wörtl. wie (Einer), einer so, der andere anders.

kahds, fem. **kahda**, wie beschaffen; mit indefiniter Bedeutung, theils substantivisch, theils adjectivisch, einer, ein gewisser; negativ: **nekahds**, kein (adjectivisch), **kahds nekahds**, irgend einer.

Zusammensetzungen mit indefiniter Bedeutung: **kaut-kas** (subst.); **kaut-kursch**, **kaut-kahds** (adj.), irgend einer, welcher es auch sei; **jeb-kas** (subst.), **jeb-kursch**, **jeb-kahds** (adj.), gleich viel welcher, der Eine oder der Andere.

§ 86. Schließlich können hier erwähnt werden: **zits**, fem. **zitta**, ein anderer, eine andere; correlativ (in Wechselbeziehung auf einander): **zits — zits**, einer — ein anderer (wohl zu unterscheiden von: **weens — ohtrs**, der eine — der andere), Plur. **zitti — zitti**, einige — andere; — **zittahds**, anders beschaffen.

§ 87. Die wichtigsten pronominalen Adverbia sind:
kur, wo? **te, da**; **tur, dort**; **sche, hier**; **zittur**, anderswo (und anderswohin); **kaut-kur** (jeb-kur, kur nekur), irgendwo (und irgendwohin); **nekùr**, nirgends (und nirgendshin).
kur(p), wohin? **tur(pu)**, dorthin; **turpmaki**, weiterdorthin; **turpinaki**, etwas weiter dorthin; **teit(an)**, dahin (und da); **turplikam**, weiter hin; **schur(p)**, hierher; **schurpmaki**, weiter hierher; **schurpinaki**, etwas weiter hierher; **scheitan**, hierher (und hier).
no kurreenes, von wo? **no turreenes**, von dort; **no teijeenes**, von da; **no schurreenes, no scheijeenes**, von hier; **no zittureenes**, von anderswoher.
kad, wann? **tad**, dann.
kà, wie? **tà**, so; **tahdai**, auf solche Weise; **schà, schahdai**, auf diese Weise; **zittadi**, auf andere Weise; **kà nekà**, irgendwie.
zik (zeek), wie viel? **tik (teek)**, so viel; **tikkai**, so viel, nur; **ik** (irgendviel) ist in Zusammensetzungen Verstärkungspartikel, z. B. in **ik-katrs**, jeder. Mit der Verneinung bildet sich hier das substantivisch gebrauchte **neeks**, Nichts.

B. Conjugation.
Allgemeines.

§ 88. Während die Beugung des Nomens regelmäßig auf einer einzigen Stammform beruht (§ 33), sind bei jedem Verbum, damit man vollständig über alle Formen desselben im Klaren sei, 2—3 Stämme zu merken. Diese finden sich im
  Präsens
  Infinitiv und
  Präteritum.
Nach diesen drei Formen bilden sich alle übrigen und zwar:
nach dem **Präsens** Indicat. Act., z. B. **zell-u**, ich hebe;
  der Imperativ Act. **zell!** (zelli!) hebe!
  der Debitiv Pass. **ja-zell**, es muß gehoben werden;
  das Particip. Präs. Act. I. **zell-ohts**, hebend;
  das Particip. Präs. Pass. **zell-ams**, der gehoben wird.
nach dem **Infinitiv** Act. **zel-t**, heben;
  das Futur Indic. Act. **zel-schu**, ich werde heben;
  das Präsens Conditionalis **zeltu**, ich würde heben;
  das Particip. Futur. Act. **zel-schohts**, der heben wird;
  das Particip. Präs. Act. II. **zel-dams**, hebend;
  das Particip. Präterit. Pass. **zel-ts**, gehoben.
nach dem **Präteritum** Indicat. Act. **zehl-u**, ich hob;
  das Particip. Präterit. Act. **zehl-is**, der gehoben hat.

§ 89. Nach der Beschaffenheit des Präsens und des Infinitivs zerfallen alle lettische Verba in drei Conjugationen.

Zur ersten Conjugation gehören alle Verba, die (als unzusammengesetzt) einsylbigen Infinitiv haben und einsylbige Präsens=Endung (1. Pers. -u), (Classe I.—V.). Beispiele:

aug-t,	wachsen,	Präsens:	aug-u (Cl. I.);
wilk-t,	ziehen,	„	welk-u (Cl. II.);
praf t,	verstehen,	„	proht-u (Cl. III.);
au-t,	(die Füße) bekleiden,	„	au-nu (Cl. III.);
kahp-t,	steigen,	„	kahp-ju (Cl. IV.);
jah-t,	reiten,	„	jah-ju (Cl. IV.);
kalf-t,	dorren,	„	kalf-tu (Cl. V.);
dihg-t,	keimen,	„	dihg-stu (Cl. V.).

Zur zweiten Conjugation gehören alle Verba, die (schon als unzusammengesetzte) mehrsylbigen Infinitiv haben und zweisylbige Präsens=Endung (1. Pers. -āju, -ōju, -īju, -ēju), (Classe VI.—IX.). Beispiele:

masg-aht,	waschen,	Präsens:	masg-āju (Cl. VI.);
dsihw-oht,	leben,	„	dsihw-oju (Cl. VII.);
tihr-iht,	reinigen,	„	tihr-īju (Cl. VIII.);
wehl-eht,	wünschen,	„	wehl-ēju (Cl. IX.).

Zur dritten Conjugation gehören alle Verba, die (schon als unzusammengesetzt) mehrsylbigen Infinitiv haben und einsylbige Präsens=Endung (1.Pers. -u), (Classe XI.—XII.). Beispiele:

raud-aht,	weinen,	Präsens:	raud-u (Cl. X.);
mittin-aht,	ernähren,	„	mittin-u (Cl. X.);
praff-iht,	fordern,	„	praff-u (Cl. XI.);
kust-eht,	sich rühren,	„	kust-u (Cl. XII.).

Personal=Endungen.

§ 90. Die drei Personen des Verbums im Singul. und Plural sind meist so gekennzeichnet, daß es namentlich für die 1. und 2. Person gar nicht besonderer vorzusetzender persönlicher Fürwörter (wie im Deutschen: ich, du u. s. w.) bedarf. Im Activ lautet

die 1. Person Sing. . . . . . . auf -u, Plur. auf -m,
die 2. Person Sing. (mit Ausnahme
    der 2. Conjug.) . . . . auf -i, Plur. auf -t.

Die 3. Pers. hat keinen besonderen Charakter, lautet aber stets im Plur. wie im Singular. (Daher ist sie in den unten folgenden

Tabellen im Plural gar nicht noch einmal angegeben.) Beisp. **aug-u**, ich wachse; **aug-i**, du wächst; **aug**, er wächst; **auga-m**, wir wachsen; **auga-t**, ihr wachset; **aug**, sie wachsen.

Im Reflexiv (oder Medium, d. i. diejenige Form des Activs, wo die Handlung sich auf das handelnde Subject zurückbezieht, z. B. ich wasche mich) hat sich an die Personal-Endungen des Activums unter gewissen Vocalwandlungen ein **s** gefügt, das ein Rest des Reflexivpronomens (sewi, sich) ist. Es lautet

die 1. Pers. Sing. **-ohs**,   Plur. **-mees**;
die 2. Pers. Sing. **-ees**,   Plur. **-tees**;
die 3. Pers. Sing. und Plur. gleich **-s**, dem verschiedene Vocale (**a**, **ah**, **ee**) vorangeben. Beisp. **rohn-ohs**, ich finde mich; **rohn-ees**, du findest dich; **rohn-ahs**, er findet sich; **rohna-mees**, wir finden uns; **rohna-tees**, ihr findet euch; **rohn-ahs**, sie finden sich.

Temporalformen.

§ 91. Unumschriebene Tempora (Zeitformen) giebt es im Lettischen nur drei:

Präsens (Präsensstamm, § 88), — Gegenwart, z. B. ich grabe;
Präteritum (Prät. Stamm) — Vergangenheit, z. B. ich grub;
Futurum (Infinitivstamm) — Zukunft, z. B. ich werde graben.

Ueber die umschriebenen Tempora siehe unten § 118—124.

§ 92. Die Präsens-Endungen sind hinsichtlich des Personalcharakters (Sing. 1. P. **-u**, 2. P. **-i**, Plur. 1. P. **-m**, 2. P. **-t**, § 90) überall gleich, aber verschieden hinsichtlich der vorhergehenden Laute, und zwar verschieden je in den verschiedenen Conjugationen und deren Classen. Das gegenüber den sich also wandelnden Endungen gleichbleibende Stück der Präsensformen ist die Wurzelsylbe, zu der in der 2. und 3. Conjugation etwaige deminuierende (verkleinernde), (**-al-**, **-aļ-**, **-el-**, **-ar-**, **-er-**, **-ur-**, **-en-**) oder sonstige (**-t-**, **-st-**, **-d-**) Anhängsel oder Einschiebsel treten können.

In Conj. 1. Classe I., II. (III.) und in Conj. 3. ist das Präsens-Merkmal vor dem Personalcharakter (§ 90) **-a-** (wenn auch nicht in allen Personen sichtbar);

in Conj. 1. Cl. III.   **-n(a)-**
in Conj. 1. Cl. V.   **-t(a)-** oder **-st(a)-**
in Conj. 1. Cl. IV.   **-j(a)-**
in Conj. 2. Cl. VI.   **-āj(a)-**
in Conj. 2. Cl. VII.   **-oj(a)-**
in Conj. 2. Cl. VIII.   **-īj(a)-**
in Conj. 2. Cl. IX.   **-ēj(a)-**

Endungen des Präsens Indicativi Activi.

		Conj. 1. (Classe I, II, (III.) Conj. 3.	Conj. 1. Cl. III.	Conj. 1. Cl. V.	Conj. 1. Cl. IV.	Conj. 2. Cl. VI.	Conj. 2. Cl. VII.	Conj. 2. Classe VIII.	Conj. 2. Cl. IX
Singular.	1.	-âmi	-mi	-[ĕ]mi	-[ĕ]mi	-âmi	-mi	-ômi	-ī́mi
	2.	-i	-ṣi	-[ĕ]ṣi	-[ĕ]ṣi	-â	-ṣi	-ôṣi	-ī́ṣi
	3.	-a (Conj. 3 Cl. X. XI.)	—	-[ĕ]ti	-ji (nach Voc.) -i (oder -j) (nach Conſ.)	-â	-ti	-ôti	-ī́ti
Plural.	1.	-âm (-im)	-nam (-nim) -nat (-nit, -neet)	-[ĕ]tam (-[ĕ]tim)	-jâm (-im)	-â	-jam (-im)	-ôjam	-ī́jam
	2.	-at (-it, -eet)	-nat (-nit, -neet)	-[ĕ]tat (-[ĕ]tit -[ĕ]teet)	-jat od. -eet	-â	-jat (-ījeet)	-ôjat (-ôjeet)	-ī́jat (-ī́jeet)

Endungen des Präsens Indicativi Reflexivi oder Medii.

Singular.	1.	-ohjă	-nehjă	-[ĕ]tohjă	-juhjă	-âjohjă	-ojohjă	-ījohjă	-ējohjă
	2.	-eeš	-neeš	-[ĕ]teeš	-ješ (n. Voc.) -eeš (n. Conſ.)	-âjeeš	-ojeeš	-ījeeš	-ējeeš
	3.	-ahjă od. -aš	-nahjă, -naš	-[ĕ]tahjă, -[ĕ]taš	-jahjă, -jaš (-âjahjă)	-âjaš (-âjahjă)	-ojaš (-ojahjă)	-ījaš (-ījahjă)	-ējaš (-ējahjă)
Plural.	1.	-ameeš	-nameeš	-[ĕ]tameeš	-jameeš	-âjameeš	-ojameeš	-ījameeš	-ējameeš
	2.	-ateeš (-iteeš)	-nateeš (-niteeš)	-[ĕ]tateeš (-[ĕ]titeeš)	-jateeš, -eeteeš	-âjateeš	-ojateeš	-ījateeš	-ējateeš

Bemerkungen.

§ 93. 1. Die in Klammern eingeschlossenen Formen sind die für die Schrift minder empfehlenswerthen.

2. Wo in der 3. Pers. das **a** der Endung verloren gegangen ist (in der ganzen 1. Conjug. und in der Cl. XII. der 3. Conjug.) zeigt es doch seine Nachwirkung einmal in der breiten Aussprache eines in der Wurzelsylbe befindlichen **e** (§ 7), z. B. **ehd**, er ißt, und sodann in der beharrenden Verdopplung des letzten Consonanten (§ 17, Anmerk. 2), z. B. **mett'**, er wirft.

§ 94. 3. Ebensolche Nachwirkung des ausgefallenen **a** findet sich in der 3. Conjugation in der 2. Pers. Sing. und Plur., wo **k** und **g** vor dem **-i** und **-eet** der Endung ungewandelt bleibt (§ 22, Anmerk. 3), z. B. **farg-i**, du hütest; **lohk-i**, du beugest; **mahk-i**, du verstehest; Plur. **farg-eet** neben **farg-at**, **lohk-eet** neben **lohk-at**, **mahk-eet** neben **mahk-at**. (Die einzige Ausnahme bildet: **tezzi**, du läufst, Plur. **tezzeet** v. **tezzcht**, Präs. **tekku**, ich laufe.) In der 1. Conjug. findet diese Nachwirkung meist nicht mehr statt, z. B. **nahz-i** (f. **nahk-i**), du kommst; **audz-i** (f. **aug-i**), du wächst; Plur. **nahz-eet** neben **nahk-at**, **audz-eet** neben **aug-at**.

§ 95. 4. Neben den Formen der 2. Pers. Plur. auf **-at**, **-it**, **-eet**, findet sich in der 1. und 3. Conjug. noch eine andere auf **-ait**, z. B. **darr-at**, **darr-it**, **darr-eet** und **darr-ait**, ihr thut; **mett-at**, **mett-it**, **mett-eet** und **mett-ait**, ihr werfet.

§ 96. 5. Ganz regelmäßig nach den bestehenden Lautgesetzen treten
a) gewisse Consonanten am Ende der Wurzelsylbe (**d, t, n, k, g**) im Präsens in voller Reinheit hervor, die im Infinitiv gewisse Umwandlungen erfahren mußten. Beisp.:

wes-t, führen, Präs. wedd-u   } (§ 18)
mes-t, werfen, Präs. mett-u   }
pih-t (f. pin-t), flechten, Präs. pinn-u } *)
dsih-t (f. dsin-t), treiben, Präs. dsenn-u }
sazz-iht, sagen, Präs. sakk-u   } (§ 22)
raudz-iht, versuchen, Präs. raug-u }

b) verschmilzt das **j** der Endung in Cl. IV. mit dem vorhergehenden Wurzelconsonanten, z. B. **smellu** f. **smel-ju**, ich schöpfe; **auschu** f. **aud-ju**, ich webe; **bahschu** f. **bahs-ju**, ich stopfe; 3. P. **smell** f. **smel-j**, **ausch** f. **aud-j**, **bahsch** f. **bahs-j** (§ 23);

---
*) Sehr oft ist im Lettischen ein **u** (oder **m**) vor einem folgenden Consonanten in den vorhergehenden Vocal hineingezogen, z. B. **tihku** f. **tinku**, ich gefalle; **kluhpu** f. **klumpu**, ich stolpere; **prohtu** f. **prantu**, ich verstehe; **leeku** f. **linku**, ich lege; vergl. **dsihtars** neben **dsintars**, Bernstein; **suhbrs** neben **sumbrs**, Auerochse; **lohziht**, beugen, neben **lunkans**, biegsam.

c) wandelt der letzte Wurzelsylbenconsonant t und d vor dem t der Endung in Cl. V. sich in f, s, z. B. **kalſ-tu** f. **kalt-tu**, ich verdorre; **ſwihſ-tu** f. **ſwihd-tu**, ich schwitze (§ 18).

§ 97. Das **Präteritum** unterscheidet sich vom Präsens nur wenig, im Allgemeinen durch größere Vollständigkeit und sogar Verlängerung der Endungsvocale.

Von den § 92 verzeichneten Präsens-Merkmalen finden sich einige im Präteritum gar nicht wieder: –n(a)- und –(ſ)t(a); die andern wohl; aber hier im Präteritum mit andern Gränzen als im Präsens:

–a–, welches aber wiederum nicht in allen Personen sichtbar ist, in Conj. 1. Cl. II. (ganz), Cl. III. und V. (fast ganz), in Cl. I. und IV. (zum Theil);
–j(a)– zum Theil in Cl. I. und IV., zum kleinen Theil in Cl. III. und V.;
–āj(a)– in Conj. 2. Cl. VI. und Conj. 3. Cl. X.;
–oj(a)– „ „ Cl. VII.;
–īj(a)– „ „ Cl. VIII. „ „ Cl. XI.;
–ēj(a)– „ „ Cl. IX. „ „ Cl. XII.

Endungen des Präteritum Indicat. Activi.

		Conjugation 1.		Conj. 2. Cl. VI. Conj. 3. Cl. X.	Conj. 2. Cl. VII.	Conj. 2. Cl. VIII. Conj. 3. Cl. XI.	Conj. 2. Cl. IX. Conj. 3. Cl. XII.
		–a–	–j(a)–	–āj(a)–	–oj(a)–	–īj(a)–	–ēj(a)–
Singular.	1.	–u	–ju	–āju	–oju	–īju	–ēju
	2.	–i	–ji	–āji	–oji	–īji	–ēji
	3.	–a	–ja	–āja	–oja	–īja	–ēja
Plural.	1.	–ahm	–jahm	–ājahm	–ojahm	–ījahm	–ējahm
	2.	–aht	–jaht	–ājaht	–ojaht	–ījaht	–ējaht

Endungen des Präteritum Indicat. Medii od. Reflexivi.

Singular.	1.	–ohs	–johs	–ājohs	–ojohs	–ījohs	–ējohs
	2.	–ees	–jees	–ājees	–ejees	–ījees	–ējees
	3.	–ahs	–jahs	–ājahs	–ojahs	–ījahs	–ējahs
Plural.	1.	–āmees	–jāmees	–ājāmees	–ojāmus	–ījāmees	–ējāmees
	2.	–ātees	–jātees	–ājātees	–ojātees	–ījātees	–ējātees

Bemerkungen.

§ 98. 1. Conjugation 3. schließt sich wie im Präsens an Conj. 1, so im Präteritum an Conjugation 2. an (§ 89).
2. Das a der 3. Pers. Prät. lautet allerdings bei flüchtigem Sprechen namentlich nach den Zahnlauten (§ 6) wie e, wird aber in der Schrift richtiger bewahrt, also: **neſſa**, er trug; **kahpa**, er stieg; **jahja**, er ritt; **auga**, er wuchs; nicht **neſſe, kahpe, jahje, auge** (§ 27).
3. Die Endsylbe der 1. und 2. Pers. Plur. Prät. ohne h zu schreiben, ist ein herkömmlicher, aber nicht zu duldender Fehler, so lange überhaupt das h im Lettischen als Zeichen für Vocallänge gebraucht wird.

§ 99. 4. Das j der zweiten Rubrik in Cl. I., III., IV., V. erscheint

unmittelbar nur in Verben, deren Wurzel auf einen Vocal endigt, z. B. **jah-ju**, ich ritt; **seh-ju**, ich säte; **leh-ju**, ich goß; **streh-ju**, ich lief;

mittelbar in der Verschmelzung mit vorhergehendem k und g zu z, dſ (§ 23, Anm.), z. B. **brauzu**, ich fuhr, **beidſu**, ich endigte, für **brauk-ju, beig-ju** von **braukt, beigt**; oder an manchen Orten auch in Verschmelzung mit dem folgenden ā der 1. und 2. Pers. Plur. zu ē, z. B. **mett-ēm**, wir warfen, neben **mett-ahm** (für met-jahm), **kahp-eht**, ihr stieget, neben **kahp-aht** (s. **kahp-jaht**) (§ 24).

Aber wo auch das j ganz verloren gegangen ist, übt es doch noch regelmäßig eine Nachwirkung aus auf jedes e in der Wurzelsylbe, das in Folge dessen spitz ausgesprochen wird in allen Formen des Präteriti, z. B. **mettu**, ich warf; **neſſu**, ich trug; **slehpu**, ich hehlte, durchweg mit spitzem e, im strengen Unterschiede von den Präsensformen **mettu, neſſu** mit breitem e (§ 7).

§ 100. 5. Im Präteritum der Cl. IV. verlängert sich kurzer Wurzelsylbenvocal vor l, m, r fast immer, z. B.

  kul-t, dreschen, Prät. **kuh-lu**,
  ņem-t, nehmen, „ **ņeh-mu**,
  ķer-t, fassen, „ **ķeh-ru**.

Die einzigen Ausnahmen sind: (**ap-gul-tees**, sich niederlegen); **kal-t**, schmieden; **mal-t**, mahlen; (**jum-t**, Dach decken); **trem-t**, trampeln; **ar-t**, pflügen; (**ir-t**, rudern). Hier bleibt der Wurzelsylbenvocal auch im Präteritum kurz.

§ 101. 6. Wurzelsylben einsylbiger Verba (Conjug. 1), die auf einen Vocal enden, zeigen im Präteritum Vocalwandlung nach § 25:

-au wird -aw- oder -ahw : ka-wu, ich schlug; jah-wu, ich mengte, pfahw-u, ich mähte, von kau-t, jau-t, pfau-t;

-uh- wird -uw: schuw-u, ich nähte, gruw-u, ich stürzte ein, von schuh-t, gruh-t;

-ih- wird -ij-: rij-u, ich schlang, lij-a, es regnete, von rih-t, lih-t.

§ 102. Die Futur-Endungen lauten in allen Conjugationen und Classen gleich.

	Activ.	Medium (Reflexiv).
Sing. 1.	-schu	-schohs
2.	-si	-sees
3.	-s	-sees
Plur. 1.	-sim	-simees
2.	-sit	-sitees

Bemerkungen.

§ 103. 1. Das Futur bildet sich aus dem Infinitiv, indem die oben angegebene Futur-Endung an die Stelle der Infinitiv-Endung t tritt. Beisp. zel-schu, ich werde heben, masgā-schu, ich werde waschen, von zel-t, masgah-t.

§ 104. 2. Die einzige Unregelmäßigkeit zeigen die Verba der 1. Conjugation, deren Wurzelsylbe auf d, t, s oder ſ endigt. Diese schieben zwischen der Wurzelsylbe und der Futur-Endung ein ī ein. Beisp. mett-ī-schu, ich werde werfen, wedd-ī-schu, ich werde führen, von mes-t, wes-t.

Modalformen.

§ 105. Nur drei Modi giebt es im Lettischen mit eigenthümlichen unumschriebenen Formen.

Indicativ, womit der Redende das, was er sagt, als etwas Wirkliches aussagt (z. B. ich schreibe, § 286);

Conditional, womit der Redende das, was er sagt, als etwas Mögliches aussagt (z. B. ich würde schreiben, § 290);

Imperativ, womit der Redende das, was er sagt, als etwas Nothwendiges aussagt (z. B. schreib! § 292).

Der Indicativ ist in seinen Hauptzeiten (Präs., Prät., Futurum) bereits im Obigen (§ 91—104) beschrieben.

§ 106. Der Conditional hat nur ein unumschriebenes Tempus: Präsens, dessen im Laufe der Zeit sehr verstümmelte Endungen folgende sind:

	Activ.	Medium (Reflexiv).
Sing. 1.	–tu	–tohs
2.	–tu	–tohs
3.	–tu	–tohs
Plur. 1.	–tum (tu)	–tumees (–tohs)
2.	–tut (tu)	–tutees (–tohs)

Dieses Präsens des Conditional bildet sich aus dem Infinitiv, indem die oben angegebene Conditional-Endung an die Stelle der Infinitiv-Endung -t tritt. Beisp. zel-tu, ich würde heben; masgā-tu, ich würde waschen, von zel-t, masgah-t.

§ 107. Der Imperativ in seiner 2. Pers. Sing. und Plur. ist vollkommen gleichlautend mit der 2. Pers. Sing. und Plur. Präsentis, nur daß der Imperativ gern das i der Singular-Endung in Conjugat. 1 abwirft, z. B. durr', stich! durr-i, du stichst; mett', wirf! mett-i, du wirfst; laid oder laisch, laß! laid-i, du lässest.

Als 1. Pers. Plur. Imperativi (Aufforderung) dient die 1. Pers. Plur. Futuri: brauk-sim, wir werden fahren, und: laßt uns fahren! wollen wir fahren!

Die 3. Pers. (Wunsch) wird umschrieben durch die Wunschpartikel lai und dem Indicativ: lai gaida, er mag oder soll warten.

Genusformen.

§ 108. Im Lettischen giebt es zwei Genusformen:

Activ, wo das grammatische Subject die Handlung vollziehend gedacht wird (z. B. ich schlage);

Passiv, wo das grammatische Subject als die Handlung leidend gedacht wird (z. B. ich werde geschlagen).

Das Activ ist nach seinen Hauptformen im Obigen (§ 91—107) geschildert.

§ 109. Das Passiv hat im Lett. außer den beiden unten zu besprechenden Participien (§§ 116. 117) nur eine eigenthümliche Form, das ist der sogenannte Debitiv, dessen Merkmal die (betonte) Vorsetzsylbe jā ist, und der stets eine Nothwendigkeit, ein Müssen andeutet. Jenes jā fügt sich vor den Präsensstamm, der immer genau der 3. Pers. Präs. (Indicat. Act.) gleichlautet. Beisp. behrns jā-masgā, das Kind muß gewaschen werden; grahwis jarohk, der Graben muß gegraben werden; meeschi jā-plauj, die Gerste muß gemäht werden; jā-mirst, es muß gestorben werden (von masgah-t, rak-t, plau-t, mir-t).

Verbal-Nomina.

§ 110. Der Infinitiv ist ein Verbal-Substantiv. Seine Endung, im Activ -t, im Medium -tees (oder -tis) fügt sich an die Wurzelsylbe des Verbum, in der 1. Conjugation unmittelbar: **wilk-t**, ziehen; **see-t**, binden; **klup-t**, stolpern; — in Conjugat. 2 und 3 mittelst des eigenthümlichen Classenvocals, wodurch eben der Infinitiv mehrsylbig wird (ā, Cl. VI., X.; ō, Cl. VII.; ī, Cl. VIII., XI.; ē, Cl. IX., XII.): **masg-ah-t**, waschen; **luht-oh-t**, schauen; **tihr-ih-t**, reinigen; **wehl-eh-t**, wünschen, erlauben.

Anmerk. 1. Eine in Livland gebräuchliche Infinitivform (Supinum) ist die auf -tu (Medium -tohs), z. B. **ehs-tu**, zu essen; **mal-tu**, um zu mahlen; **luht-ā-tohs**, um sich umzuschauen.

Anmerk. 2. Die deminuierte Infinitivform (Verkleinerungsform des Infinitiv) auf -in oder -tin wird adverbial gebraucht: **pirz-in**, kaufen; **schaut-in**, schießen; **luhgt-in**, bitten (§ 295, Anm).

§ 111. Die Participia sind Verbal-Adjectiva; es giebt 4 fürs Activ, 2 fürs Passiv.

Das Particip Präs. Act. I. auf **-ohts**, fem. -oti (-ote, -oscha) bildet sich vom Präsens, z. B. **nahk-u** — **nahk-ohts**, kommend; **jahj-u** — **jahj-ohts**, reitend; **kalst-u** — **kalst-ohts**, dorrend; — beugt sich genau nach dem Paradigma von **pats**, fem. **patti (patte, pascha)** (§ 84), und hat auch oft definierte Formen (mit stets gekürzter Endung, § 69), z. B. **nahk-oschajs**, der kommende; fem. **nahk-oschā**.

§ 112. Dasselbe Particip erscheint in einer Anzahl von Kürzungen, dann ohne Beugung, für die verschiedenen Geschlechter und Casus in gleicher Form (Gerundium):

a) **-oht** (in manchen Gegenden **-iht**), sehr üblich zur Vertretung des Nominativ masc. und fem. Sing. und Plur. in der Umschreibung des Modus Conjunctiv oder Relativ (d. i. des referierenden, Anderer Rede wiedererzählenden Modus). Beisp. **winsch jahj-oht**, er (sagt man) reite; **meitas masg-ā-joht**, die Mägde (sagt man, sollen) waschen; **winna raud-iht**, sie soll (sagt man) weinen; (eigentl. er — ein reitender; die Mägde — waschende; sie — eine weinende);

b) **-us** (selten **-is**), vertritt nur den Nom. Sing. masc., z. B. **winsch proht-us**, er soll (sagt man) verstehen, (eigentl. er — ein verstehender);

c) **-u-** wird nur adverbial gebraucht, z. B. **rahp-u**, kriechend; **sehd-u**, sitzend; **stahw-u**, stehend.

Die Reflexivform des Particip. Präs. Activi I. **-otees** ist ohne Beugung und wird gebraucht ganz entsprechend dem activen

Gerundium auf -oht, z. B. **winni kaujotees**, (man sagt) sie prügeln einander.

§ 113. Das Particip. Präs. Act. II. auf **-dams**, fem. **-dama** bildet sich vom Infinitivstamm (§ 88), z. B. **kalj-t — kalj-dams**, dörrend; **masg-ah-t — masg-ā-dams**, waschend; beugt sich gar nicht, außer daß der Nominativ Sing. und Plur. in beiden Geschlechtern gebräuchlich ist, und lautet mit der Reflexiv-Endung **-damees**, z. B. **kau-damees**, sich schlagend, einander prügelnd; **masg-ā-damees**, sich waschend.

§ 114. Das Particip Futur. Act. auf **-schohts**, fem. **schoti**, bildet sich wie das Futur selbst vom Infinitivstamm, z. B. Inf. **rak-t**, Fut. **rak-schu, rak-schohts**, der graben wird, hat von allen Beugungsformen höchstens nur noch den Nomin. Sing. und Plur. beider Geschlechter, erscheint aber am Liebsten beugungslos in der gekürzten Form **-schoht(i)**, reflexiv **-schotees** (als Gerundium, ebenso wie das Gerundium Präsentis **-oht**), z. B. **nahk-schoht**, er werde (sagt man) kommen; **sinn-a-schoht**, man werde wissen; oder **-schus** und **-schu**, in adverbialem Gebrauch: **brauk-schus**, fahrend; **steig-schus**, eilends; **krahp-schu**, betrügerischer Weise; **pamih-schu**, wechselsweise; wo die Beziehung auf die zukünftige Zeit verloren gegangen ist.

§ 115. Das Particip Präterit. Activi auf **-is**, fem. **-usi** oder **-use** bildet sich vom Präteritum, z. B. **zehl-u — zehl-is**, der gehoben hat; **masg-ā-ju — masg-ā-jis**, der gewaschen hat; — nur daß hier abgesehen von dem Nom. Sing. masc. **-is** (der einzigen Casusform, worin ein **i** erscheint, § 22) durchweg in allen andern Casusformen vor dem **u** das reine **k** oder **g** erscheint, wenn auch solches im Präteritum selbst in **z** oder **dſ** sich gewandelt hatte, z. B. **nahzu**, ich kam, Part. Prät. **nahzis**, fem. aber **nahk-usi; luhdſ-u**, ich bat, Part. Prät. **luhdſ-is**, fem. aber **luhg-usi**; beugt sich abgesehen vom Nom. Sing. regelmäßig nach der A-Declination, z. B.

Nom. **luhſ-is**, gebrochen, fem. **luhſ-usi**
Gen. **luhſ-uscha** „ **luhſ-uschas**
Dat. **luhſ-uscham** „ **luhſ-uschai**
u. s. w. u. s. w.
Pl. Nom. **luhſ-uschi** „ **luhſ-uschas**
u. s. w u. s. w.

Die definite Form heißt

Nom. **-uschajs**, fem. **-uschā**
Gen. **-uschā** „ **-uschahs**, u. s. w.

z. B. **tas pasuddufchajs palgs**, das verlorene Laken.

Die reflexive Form: **-ees**, fem. **-usees (-uſehs)**, z. B. **behdāj-ees**, der sich gebärmt hat, fem. **behdāj-usees**; von der sich auch merkwürdiger Weise Casus bilden.

§ 116. Das Partic. Präſ. Paſſ. auf **-ams**, fem. **-ama**, bildet sich vom Präsens, z. B. **ſinn-u — ſinnams**, der (das) gewußt, gekannt wird; **luhdſ-u — luhdſ-ams**, der gebeten wird; **arr-u — arr-ama ſemme**, Land, das gepflügt wird; **redſ-u — redſ-ams**, was gesehen wird; hat oft die Bedeutung einer Möglichkeit oder Nothwendigkeit an sich, z. B. **pļaujami meeſchi**, Gerste, die man mähen kann oder mähen muß; beugt sich regelmäßig nach der A-Declination; geht in der definiten Form sehr gern in Substantivbedeutung über, z. B. **greeſch amajs**, Schneidewerkzeug, Messer; **ehd-amajs**, Eßbares, Futter; **jahj amajs**, Reitpferd.

Die beugungsloſe Form auf **-am** wird als Gerundium gebraucht, z. B. **redſeju meitu aiſweddam**, ich sah das Mädchen, wie sie weggeführt wurde.

§ 117. Das Partic. Präterit. Paſſ. auf **-ts**, fem. **-ta** (definite Form **-tajs**, fem. **-tā**), bildet sich vom Infinitiv, z. B. **mef-t — mef-ts**, geworfen; **wilk-t — wilk-ts**, gezogen; **maſg-ah-t — maſg-ah-ts**, gewaschen. Reflexiv-Endung haben die Participia Paſſivi natürlicher Weise nicht.

Die umschriebenen Conjugationsformen.

§ 118. Zur Umschreibung anderweitig fehlender Conjugationsformen dienen außer den eben beschriebenen Infinitiv und Participien gewisse Hilfsverba. Das wichtigste Hilfszeitwort ist **buht**, sein, dessen Beugung unregelmäßig ist.

Präſ. Indic. Sing. 1. **eſ-mu**, ich bin
       2. **eſ-fi**, du bist
       3. **irr, irraid (irraidahs)**, er (sie) ist, negativ: **newaid, nawa, nau**, er (sie) ist nicht.
     Plur. 1. **eſ-fam**, wir sind
       2. **eſ-fat** od. **eſ-feet** ihr seid.

Partic. Präſ. I. **eſſ-ohts**, seiend (**eſſ-us**), fem. **eſſ-oti**, beugungslos: **eſſ-oht**.

Partic. Präſ. Paſſ. mit activer Bedeutung, beugungslos: **eſſ-am**, seiend.

Prät. Ind. Sing. 1. **bij-u**, ich war
       2. **bij-i**
       3. **bij-a**
     Plur. 1. **bij-ahm**
       2. **bij-aht**.

Partic. Prät. bij-iś, gewesen, fem. bij-uṅ (-use).
Futur. Indic. Sing. 1. buh-schu, ich werde sein
       2. buh-ṅ
       3. buh-ś
     Plur. 1. buh-ṅm
       2. buh-ṅt (-feet).
Partic. Fut. buh-schohts, der sein wird (buh-schus), fem. buh-schoti, beugungslos: buh-schoht.
Präs. Conditionalis Sing. 1. es   ⎞ buhtu, ich
       2. tu   ⎬ würde sein,
       3. winsch, fem. winna ⎠ u. s. w.
     Plur. 1. buh-tum
       2. buh-tut
       3. winni, fem. winnas buh-tu.
Infinitiv buh-t, sein.
Partic. Präs. II. buh-dams, seiend, fem. buh-dama.
Debitiv Indic. (Pass.) jā-buht (neben jā-irr'), es muß sein.

Die anderen Hilfsverba mit der Bedeutung werden beugen sich regelmäßig.

    tohp-u, tapp-u, tap-t   ⎫
    teek-u, tiff-u, tik-t   ⎬ nach Cl. III.
    (paleek-u, paliff-u, palik-t) ⎭
    kluhst-u, kluw-u, kluht nach Cl. V.

§ 119. Mit Hilfe der Umschreibung giebts nun im Indic. Act. außer den drei Temporibus die eine dauernde Handlung anzeigen:

Präsens: zellu, ich hebe,
Präteritum: zehl-u, ich hob,
Futur: zel-schu, ich werde heben,

noch drei Tempora, die eine vollendete Handlung anzeigen (Partic. Prät. Act. mit buht):

Perfect: esmu zehlis, ich habe gehoben (Präsens der vollendeten Handlung);
Plusquamperfect: biju zehlis, ich hatte gehoben (Prät. der vollendeten Handlung);
Futur. exactum: buhschu zehlis, ich werde gehoben haben (Futur der vollendeten Handlung).

Anmerk. 1. Zufolge § 167. Anmerk. 2. der Syntax richtet sich das Geschlecht und die Zahl des Particips in den umschriebenen

Zeitformen nach dem Geschlecht und der Zahl des Subjects: **tehws irr teizis**, der Vater hat gesagt; **mahte irr teikusi**, die Mutter hat gesagt; **brahti irr teikuschi**, die Brüder haben gesagt; **mahsas irr teikuschas**, die Schwestern haben gesagt.

Anmerk. 2. Das Futur wird auch zuweilen umschrieben nach russischer Weise mittelst des Futur von **buht** und des Infinitiv Verbi, z. B. **buhschu zelt** = **zelschu**, ich werde heben.

§ 120. Außer den schon § 105 genannten drei Modis:
Indicativ,
Conditional,
Imperativ,
giebt es im Activ nur noch zwei, die nur durch Umschreibung gebildet werden:

Conjunctiv (od. Relativ), womit der Redende fremde Meinung, fremdes Urtheil, fremde Rede aussagt;

Debitiver Imperativ, womit der Redende einen verschärften Befehl giebt, z. B. du sollst gehen!

§ 121. Der Modus Conjunctivus oder Relativus wird umschrieben durch das Particip. Präs. Act. I. **-ohts**, fem. **-oti**, und das Particip. Futur. Act. **-schohts**, fem. **-schoti**, oft mit, oft ohne Beugung, aber stets ohne das Verbindungswort **buht**, sein. Alle Tempora der Vergangenheit (Präteritum, Plusquamperfect.) fehlen.

Dauer.
Präs. es **zeltohts** (**zeltus**), ich hebe, (2. Pers. du hebest), fem. **zeltoti**, beugungslos: **zeltoht**.
Futur. es **zelschohts** (**zelschus**), ich werde (2. Pers. du werdest) heben, fem. **zelschoti**, beugungslos: **zelschoht**.

Vollend.
Perfect es **effoht zehlis**, fem. **zehlusi**, ich habe (2. Pers. du habest) gehoben.
Fut. exact. es **buhschoht zehlis**, fem. **zehlusi**, ich werde (2. Pers. du werdest) gehoben haben.

§ 122. Dem Modus Conditionalis fehlen alle Tempora der Vergangenheit (Prät., Plusquamperf.) und alle Tempora der Zukunft (Futur., Futur. exact.):

Präs. es **zeltu**, ich würde heben (§ 106).
Perfect (Präs. der vollendeten Handlung), es **buhtu zehlis**, fem. **zehlusi**, ich würde gehoben haben.

§ 123. Der Imperativ hat nur ein Tempus, — Präsens (§ 107).

Der debitive Imperativ wird umschrieben durch das unpersönliche Futur von **buht**, sein, mit dem Dativ der Person, der das Gebot gegeben wird, und dem Infinitiv des Verbum, das die geforderte Handlung ausdrückt. Es ist die schärfste Form des Befehls: **tew buhš eet,** du sollst geben! **tew buhš Deewu mihleht,** du sollst Gott lieben! **tew nebuhš sagt,** du sollst nicht stehlen!

§ 124. Die nöthigen Passivformen zu umschreiben, hat die lettische Sprache verschiedene Mittel, erstlich die Debitivform mit **jā**, wozu die nöthigen Fürwörter und **buht** in verschiedenem Modus und Tempus treten. So bildet sich ein

indicativer
conjunctiver } Debitiv Passivi.
conditionaler

	Judicat. Debit.	Conjunct. Debit.	Condition. Debit.
Präs.	(irr) jāzell, es muß gehoben werden.*)	eßohst jāzell, es müsse gehoben werden.	buhtu jāzell, es müßte gehoben werden.
Perfect	(irr) bijis jāzell, es hat müssen gehoben werden.	eßohst bijis jāzell, es habe müssen gehoben werden.	buhtu bijis jāzell, es hätte müssen gehoben werden.
Prät.	bija jāzell, es mußte gehoben werden.		
Futur.	buhs jāzell, es wird müssen gehoben werden.	buhsschoht jāzell, es werde müssen gehoben werden.	

---

*) Die erste und zweite Person kommen auch vor, aber selten, z. B. **eßmu jāzell,** ich muß gehoben werden.

46

§ 124. Eben diese selben drei Debitive Passivi entstehen durch die sehr beliebte Verbindung des Partic. Präs. Pass. -ams, fem. -ama mit dem Indicativ, Conjunctiv, Conditional von buht.

Indicat. Debitiv.

Präs. esmu zellams, fem. -ma, ich muß gehoben werden.
Perf. esmu bijis zellams, ich habe müssen gehoben werden.
Prät. biju zellams, ich mußte gehoben w.
Fut. buhschu zellams, ich werde gehoben werden müssen.

Conjunctiv. Debitiv.

es essoht zellams, ich müsse gehoben werden.
es essoht bijis zellams, ich habe (2. P. du habest) müssen gehob. w.
es buhschohst zellams, ich werde (2. P. du werdest) gehoben w. müssen.

Condition. Debitiv.

es buhtu zellams, ich würde gehoben werden müssen.
es buhtu bijis zellams, ich hätte gehoben werden müssen.

§ 125. Das Particip. Prät. Pass. mit buht ergiebt für den Indicativ, Conjunctiv, Conditional Pass. die Tempora der vollendeten Handlung; dasselbe Particip mit tapt (oder tikt oder kluhst) die Tempora der dauernden Handlung. Die letzte Art der Umschreibung ist die den Letten am wenigsten beliebte.

Indicativ.

Präs. esmu zelts, ich bin gehoben.
Prät. biju zelts, ich war gehoben.
Fut. buhschu zelts, ich werde gehoben sein.

Präs. tohpu zelts, ich werde gehoben.
Perf. es esmu zelts tappis, ich bin gehoben.
Prät. tappu zelts, ich wurde gehoben.
Fut. tapschu zelts, ich werde gehoben werden.

Conjunctiv.

es essoht zelts, ich sei gehoben.
es buhschoht zelts, ich werde (2. P. du werdest) gehoben sein.

es tohpoht zelts, ich werde (2. P. du werdest) gehoben.
es essoht zelts tappis, ich sei gehoben worden.
es tapschoht zelts, ich werde (2. P. du werdest) gehoben werden.

Conditional.

es buhtu zelts, ich würde gehoben sein.

es taptu zelts, ich würde gehoben werden.
es buhtu zelts tappis, ich würde gehoben worden sein.

§ 126. Es folgen eine Anzahl durchconjugierter Verba erster Conjugation (Cl. I—V.), — einsilbige Verba, — in den Hauptformen.

Activ und Passiv.

Activ

Präsens

	Sing. 1.	2.	3.	Pl. 1.	2.
I.	nahk-u, ich komme	nahz-i	nahk-	nahk-am	nahk-at (-z-eet)
II.	zehrt-u, ich haue	zehrt-i	zehrt-	zehrt-am	zehrt-at (-eet)
III.	rohk-u, ich grabe	rohz-i	rohk-	rohk-am	rohk-at (-z-eet)
	fee-nu, ich binde	fee-ni	fee-n	feen-am	fee-nat (-neet)
IV.	speeschu, ich drücke	speed-i	speesch	speescham	speeschat (-d-cet)
	kukku, ich dresche	kull-i	kull	kukkam	kukkat (-l-eet)
	luhdsu, ich bitte	luhds-i	luhds	luhdsam	luhdsat (-dseet)
	rah-ju, ich schelte	rah-ji	rah-j	rah-jam	rah-jat (-jeet)
V.	kals-tu, ich dorre	kals-ti	kals-t	kals-tam	kals-tat (-teet)
	puh-stu, ich faule	puh-sti	puh-st	puh-stam	puh-stat (-steet)

Präteritum

I.	nahzu, ich kam	nahzi	nahza	nahzahm	nahzaht
II.	zirt-u, ich hieb	zirt-i	zirt-a	zirt-ahm	zirt-aht
III.	rakk-u, ich grub	rakk-i	rakk-a	rakk-ahm	rakk-aht
	seh-ju, ich band	seh-ji	seh-ja	seh-jahm	seh-jaht
IV.	speed-u, ich drückte	speed-i	speed-a	speed-ahm	speed-aht
	kuhl-u, ich drasch	kuhl-i	kuhl-a	kuhl-ahm	kuhl-aht
	luhdsu, ich bat	luhdsi	luhdsa	luhdsahm	luhdsaht
	rah-ju, ich schalt	rah-ji	rah-ja	rah-jahm	rah-jaht
V.	kalt-u, ich dorrte	kalt-i	kalt-a	kalt-ahm	kalt-aht
	puw-u, ich faulte	puw-i	puw-a	puw-ahm	puw-aht

Futur

I.	nahk-schu, ich werde kommen	nahk-si	nahk-s	nahk-sim	nahk-sit (-seet)
II.	zirs-i-schu, ich w. hauen	zirs-i-si	zirs-ih-s	zirs-i-sim	zirs-i-sit (-seet)
III.	rak-schu, ich w. grab.	rak-si	rak-s	rak-sim	rak-sit (-seet)
	fee-schu, ich w. bind.	fee-si	fee-s	fee-sim	fee-sit (-seet)
IV.	speed-i-schu, ich w. drücken	speed-i-si	speed-ih-s	speed-i-sim	speed-i-sit (-seet)
	kul-schu, ich w. dresch.	kul-si	kul-s	kul-sim	kul-sit (-seet)
	luhg-schu, ich w. bitten	luhg-si	luhg-s	luhg-sim	luhg-sit (-seet)
	rah-schu, ich w. schelt.	rah-si	rah-s	rah-sim	rah-sit (-seet)
V.	kalt-i-schu, ich w. dorr.	kalt-i-si	kalt ih-s	kalt-i-sim	kalt-i-sit (-seet)
	puh-schu, ich w. faulen	puh-si	puh-s	puh-sim	puh-sit (-seet)

Präsens Conditional Activi

	Sing. 1. 2. 3.			Plur. 1.	2.
I.	nahk-tu, ich würde kommen			nahk-tum	nahk-tut
II.	zirs-tu, ich würde hauen			zirs-tum	zirs-tut
III.	rak-tu, ich würde graben			rak-tum	rak-tut
	fee-tu, ich würde binden			fee-tum	fee-tut
IV.	spees-tu, ich würde drücken			spees-tum	spees-tut
	kul-tu, ich würde dreschen			kul-tum	kul-tut
	luhg-tu, ich würde bitten			luhg-tum	luhg-tut
	rah-tu, ich würde schelten			rah-tum	rah-tut
V.	kals-tu, ich würde dorren			kals-tum	kals-tut
	puh-tu, ich würde faulen			puh-tum	puh-tut

Reflexiv.

Sing. 1.	2.	3.	Plur. 1.	2.
		nahk-ahś		
zehrt-ohś	zehrt-ees	zehrt-ahś	zehrt-amees	zehrt-atees
ſee-nohś	ſee-nees	ſee-nahś	ſee-namees	ſee-natees
ſpeeſchohś	ſpeed-ees	ſpeeſchahś	ſpeeſchamees	ſpeeſchatees
kułłohś	kuļļ-ees	kułłahś	kułłamees	kułłatees
luhdſohś	luhdſees	luhdſahś	luhdſamees	luhdſatees
rah-johś	rah-jees	rah-jahś	rah-jamees	rah-jatees
bih-ſtohś, ich fürchte mich	bih-ſtees	bih-ſtahś	bih-ſtamees	bih-ſtatees

		nahzahś		
zirt-ohś	zirt-ees	zirt-ahś	zirt-āmees	zirt-ātees
ſeh-johś	ſeh-jees	ſeh-jahś	ſeh-jāmees	ſeh-jātees
ſpeed-ohś	ſpeed-ees	ſpeed-ahś	ſpeed-āmees	ſpeed-atees
kuhl-ohś	kuhl-ees	kuhl-ahś	kuhl-āmees	kuhl-ātees
luhdſohś	luhdſees	luhdſahś	luhdſāmees	luhdſātees
rah-johś	rah-jees	rah-jahś	rah-jāmees	rah-jātees
bij-ohś	bij-ees	bij-ahś	bij-āmees	bij-ātees

		nahk-ſees		
zirt-ī-ſchohś	zirt-ī-ſees	zirt-ī-ſees	zirt-ī-ſimees	zirt-ī-ſitees
ſee-ſchohś	ſee-ſees	ſee-ſees	ſee-ſimees	ſee-ſitees
ſpeed-ī-ſchohś	ſpeed-ī-ſees	ſpeed-ī-ſees	ſpeed-ī-ſimees	ſpeed-ī-ſitees
kul-ſchohś	kul-ſees	kul-ſees	kul-ſimees	kul-ſitees
luhg-ſchohś	luhg-ſees	luhg-ſees	luhg-ſimees	luhg-ſitees
rah-ſchohś	rah-ſees	rah-ſees	rah-ſimees	rah-ſitees
bih-ſchohś	bih-ſees	bih-ſees	bih-ſimees	bih-ſitees

Sing. 1. 2. 3.	Plur. 1.	2.
nahk-tohś		
zirſ-tohś	zirſ-tumees	zirſ-tutees
ſee-tohś	ſee-tumees	ſee-tutees
ſpeeſ-tohś	ſpeeſ-rumees	ſpeeſ-tutees
kul-tohś	kul-rumees	kul-tutees
luhg-tohś	luhg-tumees	luhg-tutees
rah-rohś	rah-rumees	rah-tutees
bih-tohś	bih-tumees	bih-tutees

Bielenstein. Elemente d. lett. Spr.

Activ und Passiv.

Infinitiv.
- I. nahk-t, kommen
- II. zirʒ-t, hauen
- III. rak-t, graben
- fee-t, binden
- IV. speeſ-t, drücken
- kul-t, dreſchen
- luhg-t, bitten
- rah-t, ſchelten
- V. kalʒ-t, dorren
- puh-t, faulen

Participia Activi.

	Präſ. II.	Präſ. I.	Futur.	Präterit.
I.	nahk-dams, fem.-dama	nah-kohts	nahk-ſchohts (-[ſch]us), fem. -[ſch]oti	nahz-is, fem. nahk-uſi (-e)
II.	zirʒ-dams, fem.-dama	zehrt-ohts	zirt-i-ſchohts (-[ſch]us), fem. -[ſch]oti	zirt-is, fem. zirtu-ſi (-e)
III.	rak-dams, fem.-dama	rohk-ohts	rak-ſchohts (-[ſch]us), fem. -[ſch]oti	razz-is, fem. rakk-uſi (-e)
	fee-dams, fem.-dama	fee-nohts	fee-ſchohts (-[ſch]us), fem. -[ſch]oti	feh-jis, fem. fehj-uſi (-e)
IV.	speeſ-dams, f.-dama	speeſchohts	speed-i-ſchohts (-[ſch]us), fem. -[ſch]oti	speed-is, fem. speed-uſi (-e)
	kul-dams, fem.-dama	kukkohts	kul-ſchohts (-[ſch]us, fem. -[ſch]oti	kuhl-is, fem. kuhl-uſi (-e)
	luhg-dams, fem.-dama	luhdſohts	luhg-ſchohts -([ſch]us), fem. -[ſch]oti	luhdſ-is, fem. luhg-uſi (-e)
	rah-dams, fem.-dama	rah-johts	rah-ſchohts -([ſch]us), fem. -[ſch]oti	rah-jis, fem. rah-juſi (-e)
V.	kalʒ-dams, fem.-dama	kalf-tohts	kalt-i-ſchohts -([ſch]us), fem. -[ſch]oti	kalt-is, fem. kalt-uſi (-e)
	puh-dams, f.-dama	puh-ſtohts	puh-ſchohts -([ſch]us), fem. -[ſch]oti	puw-is, fem. puw-uſi (-e)

Paſſiv.

	Partic. Präſ.	Partic. Prät.	Debitiv.
I.	nahk-ams, fem.-ama	zirʒ-ts, fem. -ta	jā-nahk, man muß kommen
II.	zehrt-ams, fem.-ama	rak-ts, fem. -ta	jā-zehrt, es muß gehauen werden
III.	rohk-ams, fem.-ama	fee-ts, fem. -ta	jā-rohk, es muß gegraben w.
	fee-nams, fem.-ama	speeſ-ts, fem. -ta	jā-fee-n, es muß gebunden w.
IV.	speeſchams, fem.-ama	kul-ts, fem. -ta	jā-speeſch, es muß gedrückt w.
	kukkams, fem.-ama	luhg-ts, fem. -ta	jā-kulf, es muß gedroſchen w.
	luhdſams, fem.-ama	rah-ts, fem. -ta	jā-luhdſ, es muß gebeten w.
	rah-jams, fem.-ama		jā-rah-j, es muß geſcholten w.
V.			jā-kalf-t, man muß dorren
	(mir-ſtams, ſterblich)		jā-puh-ſt, man muß faulen

nahk-tees, zukommen, gebühren
zirf-tees, sich hauen

fee-tees, sich binden
spees-tees, sich drücken
kul-tees, sich herumtreiben, wo man nicht hingehört
luhg-tees, für sich bitten
rah-tees, einander schelten

bih-tees, sich fürchten.

Präs. II.	Präs. I.	Futur.	Präterit.
	nahk-otees	nahk-schotees	nahz-ees, fem. nahk-usees
zirf-damees	zehrt-otees	zirt-i-schotees	zirt-ees, fem. zirt-usees
fee-damees	fee-notees	fee-schotees	feh-jees, fem. feh-jusees
spees-damees	speeschotees	speed-i-schotees	speed-ees, fem. speed-usees
kul-damees	kullotees	kul-schotees	kuhl-ees, fem. kuhl-usees
luhg-damees	luhdsotees	luhg-schotees	luhds-ees, fem. luhg-usees
rah-damees	rah-jotees	rah-schotees	rah-jees, fem. rah-jusees
bih-damees	bih-stotees	bih-schotees	bij-ees, fem. bij-usees

Debitiv.

jā-zehrt-as (-ahs), man muß sich hauen

jā-seen-as (-ahs), man muß sich binden
jā-speeschas (-ahs), man muß sich drücken
jā-kullas (-ahs), man muß sich herumstoßen
jā-luhdsas (-ahs), man muß (für sich) bitten
jā-rah-jas (-ahs), man muß einander schelten

jā-bih-stas (-ahs), man muß sich fürchten

§ 127. Bei aller Regelmäßigkeit ist die Beugung der Verba der ersten Conjugation so manichfaltig, daß es zweckmäßig erscheint die gebräuchlichsten wenigstens zu verzeichnen mit Angabe der drei Grundformen (Präs., Prät., Infinitiv) und mit zusammenfassender Charakteristik der einzelnen Verbalclassen.

Classe I.

Präsens und Präteritum lauten abgesehen von den Personal-Endungen entweder ganz gleich, oder unterscheiden sich nur durch die spitze Aussprache eines e in der Stammsylbe des Präteritum oder durch die Wandlung von k, g zu z, dſ im Präteritum.

1. Präteritum ohne j.

Präs.	Prät.	Infinitiv.
aug-u, -dſ-i-, -g-,	aug-u,	aug-t, wachsen.
ſitt-u,	ſitt-u,	ſiſ-t, schlagen.
minn-u,	minn-u,	mih-t, treten.*)
		pih-t, flechten.
		ſchkih-t, pflücken.
		tih-t, winden, wickeln.
		trih-t, reiben, schleifen.

2. Präteritum mit j (§ 99).

Präs.	Prät.	Infinitiv.
nahk-u, -z-i-, -k-,	nahzu,	nahk-t, kommen.
		fahk-t, anfangen.**)
behg-u, -dſ-i-, -g-,	behdſu,	behg-t, fliehen.
		deg-t, brennen, intr.
zepp-u,	zepp-u,	zep-t, braten.
mett-u,	mett-u,	meſ-t, werfen.
ehd-u***),	ehd-u,	ehſ-t, essen.
wedd-u,	wedd-u,	weſ-t, führen.
neff-u,	neff-u,	neſ-t, tragen.

---

*) Bei diesem und den vier folgenden Verben bildet sich das Präs. auch auf -innu und das Prät. auf -ihnu.

**) Prät. auch ohne j: fahk-u, und ebenso bei den beiden folgenden Verben auch: behg-u, degg-u.

***) 1. P. Präs. auch oft: ehmu.

§ 128. Claſſe II.

Im Präſens wandelt ſich das i der Wurzelſylbe zu e.

Präſ.	Prät.	Infinitiv.
pehrk–u, –z–i–, –k–,	pirk–u.	pirk–t, kaufen.
		wilk–t, ziehen.
telp–u,	tilp–u,	tilp–t, Raum haben, eingehen.
		zirp–t, ſcheeren.
kremt–u,	krimt–u,	krimſ–t, nagen.
		zirſ–t, hauen.
perd–u,	pird–u,	pirſ–t, fu....
dell–u,	dill–u,	dil–t, ſich abſchleifen.*)
demm–u,	dimm–u,	dim–t, dröhnen.
		dſim–t, geboren werden.
dſenn–u,	dſinn–u,	dſih–t, treiben.
wer–d–u,	wirr–u,	wir–t, kochen, intr. u. tr.

§ 129. Claſſe III.

Im Präſens erſcheint hinter vocaliſch endigender Wurzelſylbe ein n. Conſonantiſch endigende Wurzelſylben wandeln

a zu oh,
i zu ee oder ih,
u zu uh.

Präſ.	Prät.	Infinitiv.
1) rohk–u, –z–i–, –k–,	rakk–u,	rak–t, graben.
		lak–t, leden.
		plak–t, flach werden.
		aiſ–ſmak–t, heiſer werden.
		ap–ſmak–t, Geruch bekommen.
ſoh–gu, –dſ–i–, –g–,	ſagg–u,	ſag–t, ſtehlen.
tohp–u,	tapp–u,	tap–t, werden.
proht–u,	pratt–u,	praſ–t, verſtehen.
at–rohd–u, –rohn–u, }	–raddu,	} –raſ–t, finden, unzuſammen- geſetzt: gewohnt werden.
2) leek–u, –z–i–, –k–,	likk–u,	lik–t, legen.
aiſ–meeg–u, –dſ–i–, –g–,	–migg–u,	–mig–t, einſchlafen.
		ſnig–t, ſchneien.

---

*) Präſ. bei dieſem und den beiden folgenden Verben auch nach Cl. V.: dil-ſtu, dim-ſtu, dſim-ſtu.

Präs.	Prät.	Infinitiv.
schkeet-u,	schkitt-u,	schkif-t, meinen.
breen-u (breed-u),	bribb-u,	brif-t, waten.
leen-u (lihschu),	lihb-u,	lihf-t, kriechen.
meef-nu (mihschu),	mihf-u,	mihf-t, harnen.
teek-u, -z-i-, (tihk-ftu), tihk-u, -k-i-,	tikk-u,	tik-t { (no--), geschehen; ge= langen, ausreichen. gefallen.
sihk-u (sihk-ftu),	sikk-u,	sik-t, versiegen, fallen (v. Wasser).
		ap-nik-t, überdrüssig werden.
lihp-u,	lipp-u,	lip-t, kleben, intr.; klettern.
		stip-t, steif werden.
kriht-u,	kritt-u,	krif-t, fallen.
		mif-t, wohnen, leben; eig. sich nähren.
3) bruhk-u, -z-i-,	brukk-u,	bruk-t, schichtweise abgehen.
		juk-t, verwirrt werden.
		muk-t, sich abstreifen, fliehen, in Sumpf einschießen.
		pluk-t, verbrühen, intr.
		ruk-t, einschrumpfen.
		spruk-t, entspringen.
		schkuk-t, glitschen.
druhp-u,	drupp-u,	drup-t, bröckeln.
		klup-t, stolpern.
		krup-t, verschrumpfen.
		kup-t, gerinnen.
juht-u,	jutt-u,	juf-t, fühlen.
		skuf-t, barbieren.
		fuf-t, heiß werden.
suhd-u,	subb-u,	suf-t, verloren gehen.
pohl-u,	pull-u,	pul-t, fallen.
4) see-nu,	seh-ju,	see-t, binden.
		kree-t, schmänden.*)
		skree-t, laufen.*)

---

*) kree-t und skree-t bilden das Präsens auch krei-ju, skrei-ju.

Präs.	Prät.	Infinitiv
5) au–nu,	ahw–u,	au–t, die Füße bekleiden.*)
		blau–t, schreien, blöcken.
		krau–t, häufen.
		mau–t, brüllen (v. d. Kuh).
		pfau–t, mähen.
		rau–t, reißen.
		splau–t, spucken.
		schau–t, schießen.
guh–nu (guju),	guw–u,	guh–t, haschen.
		schuh–t, nähen.

§ 130. Classe IV.

Im Präsens findet sich hinter der Wurzelsylbe stets ein j, wodurch der vorhergehende Consonant getrübt (mouilliert) erscheint. Alle Verba dieser Classe bezeichnen im weitesten Sinn des Worts eine Thätigkeit, meist sogar eine transitive, d. h. auf einen Gegenstand hinüberwirkende.

1. Präteritum ohne j.

1) kahp–ju, kahp–u, kahp–t, steigen.

kamp–t, fassen; kohp–t, ordnen, pflegen; krahp–t, trügen; rahp–t, kriechen; (s)teep–t, dehnen, strecken.

glahb–ju, glahb–u, glahb–t, retten.

grahb–t, greifen, harken; knahb–t, picken; kneeb–t, kneifen; reeb–t, verdrießen; urb–t, bohren.

jauschu, jaut–u, jauf–t, zu vernehmen geben.

kaif–t, heiß machen; puhf–t, blasen; schauf–t, stäupen; zeef–t, leiden, dulden.

kahschu, kahf–u, kahf–t, seihen.

dirf–t, k....; kahrf–t, (Wolle) tocken; pohf–t, säubern; rauf–t, wühlen, schüren.

auschu, aud–u, auf–t, weben.

gruhf–t, stoßen; kohf–t, beißen; laif–t, lassen; mohf–t, wecken; pauf–t, ruchtbar machen; plauf–t, naß machen; ohf–t, riechen; skauf–t, neiden; fnauf–t, schlummern; speef–t, drücken; sprauf–t, zwischen einstecken; spreef–t, urtheilen; sweef–t, werfen; sihf–t, saugen;

---

*) au–t und die folgenden 7 Verba bilden das Präs. auch nach Cl. IV. auf –ju.

bahſchu, bahſ-u, bahſ-t, ſtopfen.

drahſ-t, ſchnitzen; gahſ-t, kippen, tr.; grauſ-t, nagen; greeſ-t, wenden; greeſ-t, ſchneiden; johſ-t, gürten; lauſ-t, brechen.

kaltu, kall-u, kal-t, ſchmieden, hämmern.

mal-t, mahlen; ap-gul-tees, ſich ſchlafen legen.

jum-ju (jumm-u), jumm-u (juhm-u), jum-t, Dach decken.

arru, arr-u, ar-t, pflügen.

ir-t, rudern (Prät. auch ihr-u).

2) kultu, kuhl-u, kul-t, dreſchen.

ſchkil-t, (Feuer) anſchlagen; pee-wil-t, betrügen.

ſtum-ju, ſtuhm-u, ſtum-t, ſtoßen.

barru, bahr-u, bahr-t, ſchelten.

bur-t, zaubern; dur-t, ſtechen; kar-t, hängen; kur-t, heizen; ſchkir-t, ſcheiden.

3) grau-ju, grahw-u, grau-t, in Trümmer zerſchlagen.

ee-jau-t, einteigen; kau-t, ſchlagen, ſchlachten (Präterit. meiſt: kaw-u); lau-t, zulaſſen; mau-t, ſtreifen; nau-t, miauen; ſchau-t, trocknen.

mih-ju, mij-u, mih-t, tauſchen.

plih-tees (wirkû), ſich aufdrängen; rih-t, ſchlingen; wih-t, flechten, winden.

2. Präteritum mit j (§ 99).

4) brauzu, brauzu, brauk-t, fahren.

brehk-t, ſchreien; kehrk-t, kakeln; jauk-t, miſchen; kauk-t, heulen; krahk-t, ſchnarchen; kurk-t, quarren; kwihk-t (kweek-t), quieken; leek-t, beugen; lehk-t (lezzu, lehzu), ſpringen; ap-lenk-t, einkreiſen; ap-mahk-tees, ſich mit Wolken beziehen; mauk-t, ſtreifen; mehrk-t, weichen; pluhk-t, pflücken; rauk-t, runzeln, falten; ruhk-t, brauſen; ſauk-t, rufen; flauk-t, melken; ſuhk-t, ſaugen; ſchkahk-t, Waſſer ausſtürzen; ſchtuhk-t, ſpinnen; ſchnauk-t, ſchnauben; ſchnahk-t, ſchnarchen; teik-t, ſagen; trauk-t, abfallen machen, ſcheuchen; treek-t (trenk-t), ſchütteln, ſtoßen; wahk-t, zuſammen nehmen, erndten; weik-tees, gedeihen.

beidſu, beidſu, beig-t, endigen.
    deg-t, zünden; jehg-t, inne werden; juhg-t, anſpannen; kleeg-t, jauchzen; leeg-t, weigern; luhg-t, bitten; ſeg-t, decken, beſten; flehg-t, ſchließen; ſneeg-t, reichen; ſteig-tees, eilen; no-ſceg-tees, ſich verſündigen; ſweeg-t, wiehern; ſchnaug-t (ſchmaug-t, ſmaug-t), würgen.

5) jah-ju, jah-ju, jah-t, reiten.
    klah-t, ausbreiten; krah-t, ſammeln; lah-t, bellen; rah-t, ſchelten; ſtah-t, ſtellen und ſich ſtellen.

deh-ju, deh-ju, deh-t, (Eier) legen.
    ſeh-t, ſäen; ſpeh-t, vermögen.

lei-ju, leh-ju, lee-t, gießen.
    ree-t, bellen; ſmee-t, lachen.

dei-ju, dei-ju, dee-t, tanzen.

6) Mit geſpitztem e im Präteritum:
ſlehp-ju, ſlehp-u, ſlehp-t, verheimlichen.
    wehrp-t, ſpinnen.

gehrb-ju, gehrb-u, gehrb-t, kleiden.
    ſtrehb-t, ſchlürfen.

krehſchu, kreht-u, krehſ-t, fallen machen, herabſchütteln.
    plehſ-t (pleſ-t), breit machen; wehrſ-t (werſ-t), wenden.

elſchu, elſ-u, elſ-t, keuchen.
    melſ-tees, verwirrt reden; plehſ-t, reißen; tehſ-t, nach der Schnur behauen; dſehſ-t, löſchen; zenſ-tees, ſich anſtrengen.

ſehſchu, ſehd-u, ſehſt, ſetzen und ſich ſetzen.
    ſprehſ-t, mit der Spindel ſpinnen; ſchkehrſ-t, theilen, verſchwenden.

behrſchu, behrſ-u, behrſ-t, ſcheuern.
    blenſ-t, ſehen; gremſ-t, nagen; mehſ-t, (aus)kehren, (aus)miſten; ſehrſ-t, zu Gaſt ſein; ſchkehrſ-t, quer durchſchneiden; wehrſ-t, wenden, drehen.

7) pellu, pehl-u, pel-t, verleumden.
    ſmel-t, ſchöpfen; ſwel-t, ſengen; ſchkel-t, ſpalten; ſel-t, grünen; wel-t, wälzen; zel-t, heben; dſel-t (ſel-t), ſtechen.

lem-ju, lehm-u, lem-t, (v. Schickſal) beſtimmen.
    wem-t, vomieren.

nemmu (jemmu), nehm-u (jehm-u), nem-t (jem-t), nehmen.

berru, behr-u, ber-t, streuen.

aiſ-kar-t, anrühren; ker-t (twer-t), faſſen, greifen; per-t, mit Ruthen ſchlagen; ſer-t, Getreide in die Riſe zum Dörren aufſtecken; ſper-t, mit dem Fuß ſtoßen, treten; ſwer-t, wägen; wer-t, wenden, fädeln; dſer-t, trinken.

§ 131. Claſſe V.

Im Präſens findet ſich ſtets ein -ſt-, das meiſt ein beſonderes Einſchiebſel hinter der Wurzelſylbe iſt, deſſen ſ aber in gewiſſen Fällen doch zur Wurzelſylbe gehört. Dann iſt t allein das eigenthümliche Einſchiebſel (§ 92). Alle Verba dieſer Claſſe mit alleiniger Ausnahme der beiden Compoſita: aiſ-mirſ-t, vergeſſen, und at-ſih-t, erkennen, ſind Intranſitiva oder noch genauer Inchoativa, d. h. bezeichnen keine Thätigkeit, ſondern ein Geſchehen und zwar meiſt den Anfang deſſelben.

1. Mit eingeſchobenem -t-.

1) kalſ-tu, kalt-u, kalſ-t (§ 18), dorren.

kaiſ-t, heiß werden; ſwihſ-t (mit fraglichem Präterit.), erglänzen; wihſ-t, welken.

breeſ-tu, breed-u, breeſ-t (§ 18), quellen, ſchwellen.

klihſ-t, irren, ſich zerſtreuen; mohſ-tees, erwachen; nihſ-t, haſſen; pluhſ-t, überſtrömen; ſpruhſ-t, eingeklemmt werden; ſwihſ-t, ſchwitzen; ſchkihſ-t, zerſchellen, zergehen.

plihſ-tu, plih-ſu, plihſ-t, entzweigehen.

auſ-t, anbrechen (v. Tage, Imperſonal.); gaiſ-t, verſchwinden, verderben —; kaiſ-t, heiß werden; kahrſ-t, erhitzt werden; milſ-t, dunkel werden; aiſ-mirſ-t, vergeſſen; ſa-miſ-t, verwirrt werden.

luhſ-tu, luhſ-u, luhſ-t, brechen, entzweigehn.

2) kuhſ-tu, kuff-u, kuſ-t, ſchmelzen, müde werden.

dſceſ-tu, dſiſſ-u, dſiſ-t, verlöſchen, kühl werden.

2. Mit eingeſchobenem -ſt-.

3) nihk-ſtu, nihk-u, nihk-t, zu nichte gehen.

iſ-alk-t, hungrig werden; juhk-t (Prät. und Inſinit. auch: jukku, jukt), gewohnt werden; lihk-t, krumm werden; mirk-t, im Waſſer liegen, weichen; pihk-t, zornig werden; plauk-t, ſprießen; plik-t, kahl werden; ſark-t, roth werden; flihk-t, ſich neigen; truhk-t, reißen, entzwei gehen, mangeln; tuhk-t, ſchwellen; twihk-t, ſchwül ſein.

spirg-stu, spirg-u, spirg-t, erstarken.

dihg-t, keimen; lihg-t (lihk-t), gleich werden, handelseins werden; ruhg-t, gähren; sirg-t, erkranken; smilg-t, winseln; sprahg-t, bersten; sting-t (string-t), erstarren; wahrg-t, kränkeln, quienen.

pump-stu, pump-u, pump-t (pamp-t), schwellen.

kump-t, krumm, bucklig werden; plup-t, sprudeln; slahp-t, dursten; slihp-t, gleiten; tirp-r, vertauben.

gihb-stu, gihb-u, gihb-t, ohnmächtig werden.

reib-t, schwindeln (Imperson.); skahb-t, sauer werden; ap-stulb-t, blind werden.

grim-stu, grimm-u, grim-t, sinken.

glum-t, glatt werden; rim-t, ruhig werden; noskum-t, traurig werden; sa-slim-t, krank werden.

at-sih-stu, at-sinn-u, at-sih-t, erkennen.

sal-stu, sall-u, sal-t, frieren.

sil-t, warm werden; swil-t, sengen.

gur-stu, gurr-u, gur-t, ermatten.

bir-t, riesen, abfallen; ir-t, sich zertrennen, ressen; mir-t, sterben.

4) kahrk-stu, kahrzu, kahrk-t, krähen (v. einer Krähe).

kurk-t, alt werden; sihk-t, rauschen, zischen.

5) bih-stohs, bij-ohs, bih-tees, sich fürchten.

lih-t, regnen (Imperson.); zih-tees, kämpfen, ringen; dsih-t, heil werden.

puh-stu, puw-u, puh-t, faulen.

gruh-t, einstürzen; kluh-t, werden, gelangen; schuh-t, trocken werden.

§ 132. Die zweite Conjugation zerfällt in vier Classen (VI.—IX.), die sich durch weiter nichts unterscheiden, als durch regelmäßige Vertauschung eines Vocals. Präsens und Präteritum lautet in der 1. Pers. S. ganz gleich. Der Infinitiv ist immer zwei= oder mehrsylbig.

	Cl. VI.	VII.	VIII.	IX.
Präj. Prät.	-āju,	-oju,	-īju,	-ēju,
Infinit.	-aht,	-oht,	-iht,	-eht.

Es folgen vier Paradigmen für die zweite Conjugation.

Activ und Passiv.

		Sing. 1.	2.	3.	Pl. 1.	2.
Indicativ Activi	Präsens	maſg-āju, ich waſche luhk-oju, ich ſchaue tihr-īju, ich reinige wehl-ēju, ich wünſche	maſg-ā luhk-o tihr-ī wehl-ē	maſg-ā luhk-o tihr-ī wehl-ē	maſg-ājam luhk-ojam tihr-ījam wehl-ējam	maſg-ājat (-jeet) luhk-ojat (-jeet) tihr-ījat (-jeet) wehl-ējat (-jeet)
	Präterit.	maſg-āju, ich wuſch luhk-oju, ich ſchaute tihr-īju, ich reinigte wehl-ēju, ich wünſchte	maſg-āji luhk-oji tihr-īji wehl-ēji	maſg-āja luhk-oja tihr-īja wehl-ēja	maſg-ājahm luhk-ojahm tihr-ījahm wehl-ējahm	maſg-ājaht luhk-ojaht tihr-ījaht wehl-ējaht
	Futur.	maſg-āſchu luhk-oſchu tihr-īſchu wehl-ēſchu	maſg-āſi luhk-oſi tihr-īſi wehl-ēſi	maſg-ahs luhk-ohs tihr-ihs wehl-ehs	maſg-āſim luhk-oſim tihr-īſim wehl-ēſim	maſg-āſit (-feet) luhk-oſit (-feet) tihr-īſit (-feet) wehl-ēſit (-feet)

	1. 2. 3.	1.	2.
Präſ. Condit. Act.	maſg-ātu, ich würde waſchen luhk-otu, ich würde ſchauen tihr-ītu, ich würde reinigen wehl-ētu, ich würde wünſchen	maſg-ātum luhk-otum tihr-ītum wehl-ētum	maſg-ātut luhk-otut tihr-ītut wehl-ētut

Infinitiv.

maſg-aht, waſchen
luhk-oht, ſchauen
tihr-iht, reinigen
wehl-eht, wünſchen

Participia Activi.

Präſ. II.	Präſ. I.	Futur.	Prät.
maſg-ādams, f.-ma luhk-odams, f.-ma tihr-īdams, f.-ma wehl-ēdams, f.-ma	maſg-ājohts luhk-ojohts tihr-ījohts wehl-ējohts	maſg-āſchohts (-us), f.-oti luhk-oſchohts (-us), f.-oti tihr-īſchohts (-us), f.-oti wehl-ēſchohts (-us), f.-oti	maſg-ājis, f.-uſi (-uſe) luhk-ojis, f.-uſi (-uſe) tihr-ījis, f.-uſi (-uſe) wehl-ējis, f.-uſi (-uſe)

Paſſiv.

Partic. Präſ.	Partic. Prät.	Debitiv.
maſg-ājams, fem. -ma luhk-ojams, fem. -ma tihr-ījams, fem. -ma wehl-ējams, fem. -ma	maſg-ahts, fem. -ta luhk-ohts, fem. -ta tihr-ihts, fem. -ta wehl-ehts, fem. -ta	jā-maſg-ā jā-luhk-o jā-tihr-ī jā-wehl-ē

§ 133. Einen Katalog aller zur zweiten Conjugation gehö=
rigen Verba aufzuſtellen, iſt unnütz, wenn folgendes beachtet
wird.

1. Zu Cl. VI. gehören alle Verba auf **-aht**, mit Ausnahme
der vier:

Reflexiv.

Sing.	1.	2.	3.	Pl. 1.	2.
mafg-ājohs, ich wasche mich	mafg-ājees	mafg-ājas	mafg-ājamees	mafg-ājatees
luhk-ojohs, ich schaue mich um	luhk-ojees	luhk-ojas	luhk-ojamees	luhk-ojatees
tihr-ījohs, ich reinige mich	tihr-ījees	tihr-ījas	tihr-ījamees	tihr-ījatees
wehl-ējohs, ich wünsche mir	wehl-ējees	wehl-ējas	wehl-ējamees	wehl-ējatees

mafg-ājohs	mafg-ājees	mafg-ājahs	mafg-ājāmees	mafg-ājātees
luhk-ojohs	luhk-ojees	luhk-ojahs	luhk-ojāmees	luhk-ojātees
tihr-ījohs	tihr-ījees	tihr-ījahs	tihr-ījāmees	tihr-ījātees
wehl-ējohs	wehl-ējees	wehl-ējahs	wehl-ējāmees	wehl-ējātees

mafg-āschohs	mafg-āsees	mafg-āsees	mafg-āsimees	mafg-āsitees
luhk-oschohs	luhk-osees	luhk-osees	luhk-osimees	luhk-ositees
tihr-īschohs	tihr-īsees	tihr-īsees	tihr-īsimees	tihr-īsitees
wehl-ēschohs	wehl-ēsees	wehl-ēsees	wehl-ēsimees	wehl-ēsitees

1. 2. 3.	1.	2.
mafg-ātohs	mafg-ātumees	mafg-ātutees
luhk-otohs	luhk-otumees	luhk-otutees
tihr-ītohs	tihr-ītumees	tihr-ītutees
wehl-ētohs	wehl-ētumees	wehl-ētutees

mafg-atees, sich waschen, baden
luhk-otees, sich umschauen, für sich wonach umschauen
tihr-ītees, sich reinigen
wehl-ētees, für sich wünschen

Präs. II.	Präs. I.	Futur.	Präterit.
mafg-ādamees	mafg-ājotees	mafg-āschotees	mafg-ājees, fem. -usees (-usehs)
luhk-odamees	luhk-ojotees	luhk-oschotees	luhk-ojees, fem. -usees (-usehs)
tihr-īdamees	tihr-ījotees	tihr-īschotees	tihr-ījees, fem. -usees (-usehs)
wehl-ēdamees	wehl-ējotees	wehl-ēschotees	wehl-ējees, fem. -usees (-usehs)

Debitiv.

jā-mafg-ājas (-ājahs)
jā-luhk-ojas (-ojahs)
jā-tihr-ījas (-ījahs)
jā-wehl-ējas (-ējahs)

djeedaht, singen,
raudaht, weinen,
sargaht, hüten,
sinnaht, wissen,

und mit Ausnahme aller Verba auf −inaht.

2. Zu Cl. VII. gehören alle Verba auf -oht.

§ 134. 3. Zu Cl. VIII. gehören folgende Verba (die eingeklammerten schwanken nach Cl. XI. hinüber):

(ahkstitees, faseln.)
baschītees, sich bekümmern.
(blandītees, müssig umherschweifen.)
bluddiht, Thorheit begehen.
(brihnītees, sich wundern.)
gausiht, reichlich machen.
gohdītees, sich bessern, schmücken.
gohrītees, sich rehkeln, säumen.
kehsiht, sudeln, schmähen.
knohsiht, mit d. Schnabel knibbern.
kristiht, kruftiht, taufen.
leelītees, großthun, prahlen.
lohbiht, schälen.
lohbītees, sich rühren.
meddiht, jagen.
mihstiht, mihkstiht, weich machen, (d. Flachs) brechen.
mohdiht, muddiht, ermuntern.
murriht, besudeln.
narstiht, laichen.
(pelniht, verdienen.)
pestiht, erlösen.
(plahtiht, breit machen.)
pluhtiht, Durchfall haben.
(pohstiht, verwüsten.)
rahmiht, zähmen, castrieren.
raibiht, bunt machen.
rehdiht, in Ordnung bringen.
(rohbiht, kerben.)

rohsītees, geschäftig sein.
rohsītees, sich strecken, recken.
rohziht, cavieren.
sahliht, salzen.
ais-sehtiht, verzäunen.
sirdītees, sich zu Herzen nehmen, zornig werden.
prettihm skarbītees, entgegensplittern.
skaustiht, verkeilen.
flaistītees, sich strecken.
sohdiht, strafen.
spohstiht, mit Schlingen fangen.
sunniht, hunzen.
swaidiht, salben.
swehtiht, segnen, heiligen.
schkibbiht, hauen, schneiden.
schkihstiht, reinigen.
(swanniht, läuten.)
ap-schultiht, vergällen.
tihriht, reinigen.
tihtiht, necken.
wairiht, hüten, in Acht nehmen.
wehdiht, lüften.
wehtiht, windigen.
weltiht, schenken.
wehstiht, benachrichtigen.
wihkstiht, geschmeidig machen.
zeeniht, ehren.
zihnītees, wettkämpfen.

§ 135. 4. Zu Cl. IX. gehören alle Verba auf -eht, die von Nominibus (Haupt- oder Eigenschaftswörtern) abgeleitet sind, z. B. **pilleht**, träufeln, v. pille, Tropfen; **kluffeht**, still machen, v. kluss, still; ferner alle Verba, die das Verursachen derjenigen Handlung oder desjenigen Geschehens ausdrücken, das in dem Stammverb angedeutet ist, z. B. **dihdseht**, keimen machen, v. **dihgt**, keimen; sodann alle Deminutiva auf -eleht, -ereht, -eneht, z. B. **jadeleht**, hin und herreiten; **klendereht**, umherschwärmen; **biseneht**, biesen; ferner eine Anzahl von Frequentativen, die eine häufig wiederholte Handlung anzeigen, z. B. **berſcht**, wiederholt reiben, d. i. ſcheuern; **raweht**, wiederholt reißen, d. i. jäten; endlich alle aus dem Deutſchen entlehnten Verba, z. B. **lohncht**, lohnen; **bruhwcht**, brauen; **wihleht**, feilen.

§ 136. Die dritte Conjugation bedarf keiner weiteren Paradigmen, wenn nur beachtet wird, daß das Präſens nebſt den davon abgeleiteten Formen (§ 88) ſich weſentlich nach der erſten Conjugation, Cl. I., richtet (§ 89), der Infinitiv dagegen und das Präteritum nebſt den davon abhängigen Formen genau nach der zweiten Conjugation. Von Unterſchieden in der Präſensbildung zwiſchen Conjug. 1. und Conjug. 3. iſt nur zweierlei feſtzuhalten:

1) das **i** der 2. P. S. in Conj. 3. wandelt nicht vorhergehenden Kehllaut um (§ 94), z. B. **fargi**, du hüteſt, **raugi**, du ſiehſt, **mahki**, du kannſt, von fargu, **fargaht** (X.), raugu, **raudſiht** (XI.), mahku, **mahzeht** (XII.);

2) in Cl. X. und XI. beharrt der Endvocal –a in S. 3. Perſ. meiſtens, z. B. **mittina**, er ernährt; **walda**, er herrſcht; **fakka**, er ſagt, v. mittinu, **mittinaht** (X.), waldu, **waldiht** (XI.), fakku, **fazziht** (XI.).

§ 137. Zu Cl. X. gehören die vier Verba:

raudaht, weinen,
fargaht, hüten,
dſeedaht, ſingen,
ſinnaht, wiſſen;

(die drei erſten bilden das Präſens auch nach Cl. VI., alſo **raudu, fargu, dſeedu**, und: **raudāju, fargāju, dſeedāju**), und alle Verba auf –inaht, bei denen die 1. und 3. P. S. und Pl. oft Nebenformen nach Cl VI. zeigt, die 2. P. nicht ſo, alſo:

S. 1. mitt–in–u und **mitt–in–āju**, ich ernähre
2. mitt–in–i
3. mitt–in–a und mitt–in–ā
Pl. 1. mitt–in–am und mitt–in–ājam
2. mitt–in–at (und mitt–in–ājat).

§ 138. Zu Cl. XI. gehören alle Verba auf –iht außer den in § 134 aufgeführten.

§ 139. Zu Cl. XII. gehören alle Verba auf –cht die einen Schall oder Ton ausdrücken, z. B. **krakſchkcht**, krachen; **tſchabbeht**, raſcheln; **tſchirkſtcht**, knarren; ferner alle folgenden Verba (die eingeklammerten ſchwanken rückſichtlich der Präſensbildung nach Cl. IX. hinüber):

no-bahlcht, bleich werden.
berseht, scheuern.
besdeht, fisten.
bildcht, reden.
bihstētees, sich fürchten.
bischt, biesen.
dairētees, sich umschauen
dardeht, rasseln, klappern.
(derreht, nützen, taugen; 2) miethen.)
dimdeht, dröhnen.
drebbeht, zittern.
drihksteht, wagen, sich erkühnen.
dusseht, ruhen, eig. keuchen.
glaudcht, streicheln.
glihdcht, schleimig werden.
gluhncht, lauern.
gremsdcht, schrapen.
grusdcht, glimmen.
gulleht, liegen.
ihdeht, ächzen.
kaitcht, schaden, fehlen.
kazzeht, reichen, erreichen.
ketteht, beabsichtigen.
klabbcht, klappern.
klimstcht, schwärmen, schweifen.
knibbeht, knibbern, klauben.
ka-krezzcht, gerinnen.
kuhpcht, rauchen.
kurncht, murren.
kurreht, heizen (trans.).
kustcht, sich rühren.
kutteht (kuttcht),
kuddeht, knuddcht, } kitzeln, jucken.
(kwehlcht, glimmen.)
kwittcht, flimmern, glänzen.
lahdcht, schmähen, fluchen.
lihdscht, helfen.
lummcht (lummeht), wackeln.
mahku, mahzcht, können, verstehen.
mehrzcht, tunken, tauchen.
mehdscht, pflegen, gewohnt sein.
(mihleht, lieben.)
minncht, gedenken.

mirkschkeht, blinzeln, zwinkern.
mirdseht, flimmern.
muldeht, verwirrt reden.
mudschcht, wimmeln.
naudcht, miauen.
neeseht, jucken.
nihdcht, bassen.
paudcht, ruchtbar machen.
peldcht, schwimmen.
pellcht, schimmeln.
perrcht, brüten.
pillcht, tröpfeln, triefen.
putteht, stark wehen.
redscht, sehen.
rihbcht, dröhnen.
rihtcht, schlingen, prassen.
(rittcht,
(reeteht, } rollen [intr.].)
ritteht, dünn werden.
ruhpcht, Sorge machen.
sahpcht, schmerzen.
sauscht, trocken werden.
saudscht, schonen, sparen.
schdcht, sitzen.
skanncht, tönen, klingen.
skaudcht, mißgönnen.
skundcht, mißgönnen, murren.
(sleppcht, verheimlichen.)
sliddcht (slihdeht), gleiten.
smilgstcht, winseln.
smirdcht, stinken.
snaudcht, schlummern.
spihdcht, glänzen.
stahweht, stehen.
stenncht, stöhnen.
suhstcht, brennend schmerzen.
(suhdscht, klagen.)
swinncht, feiern.
schkaudcht, niesen.
schkehrdcht, verschwenden.
seedcht, blühen.
sibbeht (schibbeht), blitzen, flimmern.
surscht (surdscht), pfeifen, weinen

ſchaudeht, trockuen.
tekku, tezzeht, laufen.
tizzu, tizzeht, glauben.
trenneht, truhdeht, } modern, faulen.
trihzu, trihzeht, zittern.
tuppeht, hocken.
turreht, halten.
waideht, wehklagen.

waijaga, (3. P.), waijadſeja, (3. P.), waijadſeht, nöthig ſein.
warreht, können, vermögen.
wiſeht, flimmern.
(zerreht, hoffen.)
zihkſteht, ringen, kämpfen.
dſeldeht, ſchmerzen, ſtechen.
dſirdeht, hören.

Unregelmäßige Verba.

§ 140. Nur eigentlich **drei** unregelmäßige Verba giebt es im Lettiſchen:

eſ—mu, bij—u, buh—t, ſein;
ei—mu, gah—ju, ee—t, gehen;
doh—mu, dew—u, doh—t, geben.

Die Beugung von **buh-t**, ſein, iſt oben § 118 bereits angegeben. Als eigenthümlich wäre hier das Compoſitum **da-buh-t**, bekommen, zu erwähnen. Präſ. **da-buh-ju**, Prät. **da-buh-ju**, deſſen Formen genau denen der Verba Cl. VII. auf -oht entſprechen, nur daß durchweg **u(h)** die Stelle des **o(h)** einnimmt und daß außerdem Nebenformen vorkommen mit **n**: Präſ. **da-buh-nu, -ni, -n**, u. ſ. w. Partic. Präſ. **da-buh-noht(s)**; Partic. Präſ. Paſſ. **da-buh-nams**; Debitiv Paſſ. **ja-da-buh-n**. Die bisherige Schreibung mit zwei **b** — **dabbuht** — iſt falſch, weil das Verb ein Compoſitum iſt.

§ 141. ei-mu, gah-ju, ee-t, gehen.

Präſ. Ind. Act.

Sing. 1. 2. 3. Pl. 1. 2.
ei—mu, ich gehe, ei—j, ee—t, ei—ma, ei—ta,
ee—mu,   ei—mam, ei—tat,
(ei—ju),   ei—jam, ei—jat.
          (ee—tam),

Prät. Ind. Act.
gah—ju, ich gieng, gah—ji, gah—ja, gah—jahm, gah—jaht.

Fut. Ind. Act.
ee—ſchu, ee—ſi, ee—s, ee—ſim, ee—ſit.
ich werde gehen,

Präſ. Condit. ee-tu, ich würde gehen.
Infinitiv. ee-t, gehen.

Partic. Präf. Act. II. ee–dams, fem. –dama.

„ „ „ I. {ei–johts, ei–jus, fem. ei–joti, flexionslos: ei–joht. (ee–tohts.)}

„ Fut. Act. ee–schohts, ee–schus, fem. ee–schoti, flexions=los: ee–schoht.

„ Prät. Act. gah–jis, fem. gah–jusi.

„ Präs. Pass. mit activer Bedeutung, flexionslos: ei–jam (ee–tam).

Debitiv Pass. jā–ee–t, es muß gegangen werden.

§ 142. doh–mu, dew–u, doh–t, geben.

Präs. Ind. Act.

Sing. 1. 2. 3. Pl. 1. 2.
doh–mu, ich gebe, doh–d–i, doh–d, doh–d–am, doh–d–at.
doh–d–u,

Prät. Ind. Act.
dew–u, ich gab, dew–i, dew–a, dew–ahm, dew–aht.

Fut. Ind. Act.
doh–schu, doh–si, doh–s, doh–sim, doh–sit.
ich werde geben,

Präs. Condit. doh–tu, ich würde geben.

Infinitiv. doh–t, geben.

Partic. Präs. Act. II. doh–dams, fem. –dama.

„ „ „ I. doh–d–ohts, doh–d–us, fem. doh–d–oti, flexionslos: doh–d–oht.

„ Fut. Act. doh–schohts, doh–schus, fem. doh–schoti, flexionslos: doh–schoht.

„ Prät. Act. dew–is, fem. dew–usi.

„ Präs. Pass. doh–d–ams, fem. –ama.

„ Prät. Pass. doh–ts, fem. –ta.

Debitiv Pass. jā–doh–d, es muß gegeben werden.

Dritter Theil.

Wortbildung.

§ 143. Die Wörter der lettischen Sprache sind abgesehen von den Endlauten, die den Charakter der Casus (beim Nomen) oder der Personalformen (beim Verbum) bilden, durch gewisse hinter der Wurzel angehängte Laute oder Sylben von der Wurzel, die im Lettischen stets in der ersten Wortsylbe sich findet, **abgeleitet**, oder aber durch **Zusammensetzung** zweier (oder mehrerer) Wurzeln oder vielmehr Wörter gebildet.

I. Ableitung.

1. Bildung der Nomina.

§ 144. Wenn wir die Ableitungs-Laute oder Sylben gleich mit dem Charakter des Nominativs (masc. oder fem.) zusammenfassen, so sind die wichtigsten Ableitungs-Endungen fürs Substantiv nach Bedeutung und Form folgende:

1. Die **handelnde Person** wird bezeichnet durch Bildungen mittelst

a) -ējs (masc.), -ēja (fem.), das sich an den Präterit. Stamm der einsylbigen Verba (1. Conjug.) fügt. Beisp.:

dsehr-ējs, Trink-er,
dsehr-ēja, Trink-erin, } — dser-t, trinken (IV.), Prät. dsehru;
luhds-ējs, Bitt-er,
luhds-ēja, Bitt-erin, } — luhg-t, bitten (IV.), Prät. luhdsu;
plahw-ējs, Mäh-er,
plahw-ēja, Mäh-erin, } — plau-t, mähen (III.), Pr. plahwu;
sehj-ējs, Sä-er, — seh-t, säen (IV.), Prät. sehju;

b) **-taj-s** (masc.), **-tāja** (fem.), das sich an den Infinitivstamm der mehrsylbigen Verba (2. und 3. Conjug.) fügt. Beisp.:

dseed-ā-tajs, Säng-er,
dseed-ā-tāja, Säng-erin,   } — dseed-ah-t, singen (X.);
dsem-d-ē-tāja, Gebär-erin, — dsem-d-eh-t, gebären (IX.);
mahz-ī-tajs, Predig-er, Lehr-er, — mahz-ih-t, lehren (XI.);
galw-o-tajs, Bürg-e,
galw-o-tāja, Bürg-in,   } — galw-oht, bürgen (XII.).

Anmerk. Die Substantiva auf **-ejs** und **-tajs** erscheinen nach Bedürfniß gern in der Reflexivform, z. B. **puhl-ē-tājees**, einer, der sich abquält; **pirz-ējees**, Nom. Pl., Leute, die für sich etwas kaufen; **schkennētājees**, Nom. S. fem., ein Weib, die gern mit anderen sich schnupft.

§ 145. 2. Eine Handlung wird ausgedrückt durch Bildungen mittelst

a) **-schana** (fem.), das sich an den Infinitivstamm einsylbiger und mehrsylbiger Verba fügt (concrete Handlung). Beisp.:

rak-schana, das Graben, — rak-t, graben (III.);
mir-schana, das Sterben, — mir-t, sterben (V.);
raud-ā-schana, das Weinen, — raud-ah-t, weinen (X.);
dsihw-o-schana, das Leben, — dsihw-oh-t, leben (VII.).

Anmerk. 1. Ueber den Lautwandel in **weschana** f. **wed-schana**, das Führen, **meschana** f. **met-schana**, das Werfen, u. dgl. siehe § 21, 3.

Anmerk. 2. Dieselben Substantiva auf **-schana** erscheinen nach Bedürfniß in Reflexivform, z. B. **kau-schanahs**, das einander Prügeln; **palaischanahs** (d. i. **palaid-schanahs**), das sich Gehenlassen; **smee-schanahs**, das (laute) Lachen, von **kau-tees**, **pa-laistees**, **smee-tees**. Ueber die Beugung dieser Reflexiva s. § 42.

b) **-ība** (fem.), das sich an die Wurzelsylbe meist nur mehrsylbiger Verba fügt. Beisp.:

zerr-ība, Hoff-nung, — zerr-eh-t, hoffen (XII.);
mahz-ība, Lehr-e, — mahz-ih-t, lehren (XI.);
tizz-ība, Glaub-e, — tizz-eh-t, glauben (XII.).

§ 146. 3. Das Ergebniß der Handlung bezeichnen Bildungen mittelst

a) **-eens** (masc.), das sich an den Präterit. Stamm einsylbiger Verba fügt. Beisp.:

mett-eens, Lage (Gelegtes), — mef-t, werfen (I.), Pr. mettu;
sitt-eens, Schlag, — sif-t (I.), Prät. sittu;
schahw-eens, Schuß, — schaut, schießen (III.), Pr. schahwu;

gruhd-ens, Stoß, — gruhſ-t, ſtoßen (IV.), Pr. gruhdu;
zirt-ens, Hieb, — zirſ-t, hauen (II.), Prät. zirtu.

b) -ums (masc.), an den Präterit. Stamm ein- und mehr-
ſylbiger Verba. Beiſp.:
rakk-ums, Gegrabenes, (rak-t, III.);
arr-ums, Gepflügtes, (ar-t, IV.);
likk-ums, Geſetz (Geſetztes), (lik-t, III.);
ſehj-ums, Ausſaat (Geſäetes), (ſeh-t, IV.);
plihſ-ums, Riß (Geriſſenes), (plihſ-t, V.);
mahz-ij-ums, Lehre, was gelehrt iſt, (mahz-ih-t, XI.);
maſg-aj-ums, Wäſche, was gewaſchen worden iſt, (maſg-ah-t, IV.).

§ 147. 4. Das Werkzeug zu einer Handlung
bezeichnet

a) -tawa (fem.): kahſ-tawa, Milchſieb, (kahſ-t, IV.); warf-
tawa, Pflugſtürze, (werf-t, IV.); kar-tawa, Galgen, (kar-t, IV.).

b) -kls (masc.), -kla (fem.), oder -klis (masc.), -kle (fem.):
ar-kls, Pflug, (ar-t, IV.); tih-kls, Netz, (tih-t, I.); au-kla,
Paſtelſchnur, (au-t, III.); grahb-e-klis, Harfe, (grahb-t, IV.);
rih-kle, Schlund, (rih-t, IV.).

An merk. Dieſelbe Endung bezeichnet auch den Gegenſtand
der Thätigkeit: aud-e-kls, Leinwand, Gewebe, (auſ t, IV.);
ſeh-kla, Saat, (ſeh-t, IV.); wedd-e-kla, Schwiegertochter (die
Heimgeführte), (weſ-t, I.); mahz-e-klis, Schüler, Lehrling,
(mahz-ih-t, XI.); wehm-e-klis, Ausvomiertes, (wem-t, IV.);
add-i-klis, Strickzeug, (add-ih-t, XI.).

§ 148. 5. Subſtantiva der Eigenſchaft werden von
Adjectivſtämmen abgeleitet mittelſt der Endung

a) -iba (fem.): taiſn-iba, Gerechtig-keit, (taiſns); kuhtr-iba,
Trägheit, (kuhtrs); lehn-iba, Mild-e, (lehns); (mit doppeltem
Bildungselement: mihl-eſt-iba, Liebe; ſchehl-aſt-iba, Gnade).

b) -ums (masc.): aukſt-ums, Kälte, (aukſts); ſilt-ums,
Wärme, (ſilts); jaun-ums, Jugend, (jauns); wezz-ums, Alter,
(wezs). Dieſelbe Bildung entſpricht faſt dem Neutrum Adject.
anderer Sprachen: balt-ums, das Weiße, (balts); mell-ums,
das Schwarze, (melns); mihkſt-ums, das Weiche, (mihkſts);
labb-ums, das Gute, der Vortheil, (labs).

§ 149. 6. Deminutiva, d. h. Verkleinerungswörter, die
der Lette ſehr liebt theils um wirkliche Kleinheit, theils um ſeine
Zärtlichkeit und Liebe, theils um Spott und Verachtung auszu-
drücken, werden gebildet durch)

a) **-insch** (masc.), **-ina** (fem.), von allen Substantiven außer denen der unächten J=Declination (**sapnis**, § 43.) und der E=Declination (**mehle**, § 48.):

wihr-insch, Männ–chen, (**wihrs**);
kohz-insch, Bäum–chen, (**kohks**, § 22.);
seew-ina, Weib–chen, (**seewa**);
meit-ina, Mägd–lein, (**meita**);
kahj-ina, Füß–chen, (**kahja**);

doppelt deminuiert sind:

all-ut-insch, Bier–chen, (**allus**);
medd-ut-insch, Honig–lein, (**meddus**);
az-t-ina, Aeug–lein, (**azs**);
siw-t-ina, Fisch–lein, (**siws**);
kau(d)-t-ini, Leut–chen (**laudis**);

mit dem Einschiebsel **n** oder **sn**:

sirs-n-ina, Herz–chen, (**sirds**);
gohw-sn-ina, Kuh–chen, (**gohws**).

b) **-ītis** (masc.), **-īte** (fem.), von Substantiven der unächten J= und der E=Declination (§ 43. 48.):

brahl-ītis, Brüder–chen, (**brahlis**);
sunn-ītis, Hünd–chen, (**sun[ni]s**);
pell-īte, Mäus–chen, (**pelle**);
pukk-īte, Blüm–chen, (**pukke**).

c) **-elis** (masc.), **-ele** (fem.):

puisch-elis, Knäbchen, (**puisis**);
kohk-elis, Bäum–chen, (**kohks**);
wehrsch-elis, Ochs–lein, (**wehrsis**);
muisch-ele, Höf–chen, Güt–chen, (**muischa**).

Anmerk. 1. Doppelt deminuiert sind Formen, wie **mahm-ul-īte**, Mütterchen; **b(r)ahl-el-insch**, Brüderchen; **meit-en-ina**, **meit-en-īte**, Mägdlein.

Anmerk. 2. Der Lette deminuiert auch Adjectiva: **mas-insch**, ziemlich klein, (**mass**); **prahw-insch**, ziemlich groß, (**prahws**); desgleichen Adverbia mittelst **-iht** oder **-in**, oder **-it-in**, z. B. **allasch-iht**, **allasch-in**, **allasch-ihn**, oft, von **allasch**, zuweilen; **lehn-īt-im**, **lehn-īn-am**, **lehn-īt-in-am**, sehr sachte, ganz sachte, „sacht-chen", von **lehni**; **pamas-it-im**, **pamas-it-in-am**, ganz langsam, von **pamas(i)**; **taggad-iht**, **taggad-ihn**, so eben, von **taggad**, jetzt. Ebenso bei Adverbial=Comparativen: **labb-**

in-āki, etwas besser, (labbi); turp-in-āki, etwas weiter hin, (tur[p]u); augst-in-āki, etwas höher, (augsti).

§ 150. 7. **Heimath oder Herkunft** bezeichnen die Endungen:

a) –eetis (masc.), –eete (fem.): Walmar-eetis, ein Bewohner von Wolmar, fem. –eete; Rujen-eetis, ein Bewohner von Rujen, fem. –eete; Latw-eetis, Lette, Bewohner des Landes Latwija, fem. –eete.

b) –neeks (masc.), –neeze (fem.): Jelgaw-neeks, Mitauer, (Jelgawa), fem. Jelgaw-neeze; juhrmal-neeks, Küstenbewohner, (juhrmalla), fem. juhrmal-neeze. Nicht selten drückt diese Art von Wortbildung ein Machen, eine Beschäftigung, einen Besitz aus, z. B.

pohd-neeks, Töpfer, (pohds);
grehz-i-neeks, Sünder, (grehks);
dahrj-neeks, Gärtner, (dahrjs);
malz-i-neeks, Holzhauer, (malka);
kugg-i-neeks, Schiffer, (kuggis);
wall-e-neeks, der freie Zeit (walla) hat, „Lostreiber";

von Adjectiven:

gudr-i-neeks, Klügling, (gudrs);
flim-neeks, Patient, (flims);

von Verben:

strahd-neeks, Arbeiter, (strahdaht, VI.);
wald-neeks, Herrscher, (waldiht, XI.);
krahp-neeks, Betrüger, (krahpt, IV.).

c) –ehns (masc.), bezeichnet meist **junge Thiere**: kakk-ehns, Kätzchen, (kakkis); pihl-ehns, junges Entchen, (pihle); mit Einschiebung eines deminuirenden Elementes: sohs-l-ehns, Gänschen, (sohss); kas-l-ens, Zicklein, (kasa).

d) –ene (fem.), bildet gern Feminina zu den Masc. auf is:

Pohl-ene, Polin, (Pohlis);
Schihd-ene, Jüdin, (Schihds);
kallej-ene, Schmidtsfrau, (kallejs);
swann-ene, Glöcknersfrau, (swannis);
keisar-ene, Kaiserin, (keisaris);
Seemel-ene, Frau des Seemelis, d. i. des Wirthen im Seemel-Gesinde.

Deutlicher tritt die örtliche Beziehung hervor in Bildungen, wie:

kurr-ene (-eene), das Wo, (kur);
teij-eene, das Da, (te, tei);
tahl-eene, die Ferne, (tahlu);
semm-enes, Pl., Erdbeeren, (semme, Erde).

§ 151. Behufs Bildung von Adjectiven dienen die Endungen:

a) -ihgs, fem. -iga, in Anfügung an Verbalstämme:
nihz-ihgs, vergäng-lich, (nihkt, V.);
lihdf-ihgs, vergleich-bar, (lihgt, V.);
redf-ihgs, der sehen kann, (redseht, XII.);
dew-ihgs, freigeb-ig, (doht);
ehd-el-ihgs, gefräß-ig, (ehd-el-eht, IX.);
pa-zeet-ihgs, geduld-ig, (pazeestees, IV.);

oder an Substantivstämme (bezeichnet einen Besitz):
laim-ihgs, glück-lich, (laime);
dufm-ihgs, zorn-ig, (dufma);
sird-ihgs, herz-haft, (sirds).

b) -ainsch, fem. -aina (oder an manchen Orten: -ains, fem. -aina), — bezeichnet eine Fülle:

akmin-ainsch, stein-ig, (akmins);
sahl-ainsch, gras-ig, grasreich, (sahle);
milt-ainsch, mehl-ig, (milti, Pl.).

c) -isks, fem. -iska (im Oberland: -ischks, fem. -ischka, so noch überall giltig: deen-ischka maise, das tägliche Brod), kommt heutzutage fast nur noch in Adverbien vor:

kreew-iski, russ-isch, (Kreews);
latw-iski, lett-isch, (Latwis).

Anmerk. 1. Von jenen veralteten Adjectiven sind Substantiva abgeleitet auf -ischkis (masc.):

wihr-ischkis, Mannsperson, (wihrs);
seew-ischkis, Frauenzimmer, (seewa).

Anmerk. 2. Ganz unlettisch sind Bildungen auf -ischkihgs, z. B. deewischkihgs, göttlich, tehwischkihgs, väterlich.

2. Bildung der Verba.

§ 152. Verba, die das Verursachen eines Geschehens ausdrücken (Verba factitiva, causativa), bilden sich

a) nach Cl. IV. (–j[a]–):
plehf–t, entzwei machen, (plihf–t, entzwei gehen, V.);
schau–t, trocken machen, (schuh–t, trocken werden, V.);

b) nach Cl. X. (–inu, –ināju, –inaht):
dedſ–inaht, in Brand setzen, (deg–t, brennen, intr. I.);
ruhd–inaht, weinen machen, (raud–aht, weinen, X.);
dſiff–inaht, löschen, kühlen, (dſiſ–t, verlöschen, kühl werden, V.);
bird–inaht, rieseln machen, streuen, tr., (bir–t, streuen, intr., V.);

c) nach Cl. IX. (–ēju–, –ēju–, –eht):
kauſ–eht, schmelzen machen, (kuſ–t, schmelzen, intr., V.);
saud–eht, verloren gehen lassen, (ſuſ–t, verloren gehen, III.);
bee–d–eht, schrecken, in Angst setzen, (bih–tecs, sich fürchten, V.);
dſem–d–eht, gebären, (dſim–t, geboren werden, II.);

d) nach Cl. XI. (–u, –īju, –iht):
mahz–iht, lehren, verstehen machen, (mahz–eht, verstehen, XII.);
dih–d–iht, tanzen machen, (dee–t, tanzen, IV.);
dſir–d–iht, tränken, (dſer–t, trinken, IV.).

§ 153. Verba, die die Häufigkeit, Dauer oder Nachdrücklichs keit einer Handlung ausdrücken (Verba frequentativa, intensiva), bilden sich meist:

a) nach Cl. XI. (–u, –īju, –iht):
laup–iht, schälen, (lup–t, III.);
raiſ–iht, binden, (riſ–t, I.);
ſwaid–iht, oft werfen, (ſwees–t, IV.);
kratt–iht, schütteln, wiederholt fallen machen, (krehf–t, fällen, IV.);
rau–ſt–iht, zerren, (rau–t, ziehen, III.);
ſmaid–iht, lächeln, (ſmee–t, lachen, IV.);

b) nach Cl. VI. (–āju, –āju, –aht):
wadd–aht, hin und herführen, (weſ–t, führen, I.);
walk–aht, oft anziehen, (wilk–t, ziehen, II.);
ſauk–aht, wiederholt rufen, (ſauk–t, rufen, IV.);
klaig–aht, wiederholt schreien, (kleeg–t, schreien, IV.);

c) nach Cl. XII. (–u, –ēju, –eht):
mehrz–eht, tunken, weichen, tr., (mehrk–t, IV.);
putt–eht, stark wehen, stühmen, (puhſ–t, blasen, IV.);

d) nach Cl. X. (–inu, –ināju, –inaht):
brauz–inaht, wiederholt streichen, (brauziht, XI.);
karr–inaht, wiederholt anfassen, zörgen, (ker–t, kar–t, fassen, IV.);
will–inaht, locken, verführen, (wil–t, trügen, IV.).

§ 154. Verba, die ausdrücken, daß die Handlung oder das Geschehen in geringerem Grade oder in geringeren Zwischenräumen stattfindet (Verba deminutiva), bilden sich wesentlich durch Einschiebung der Sylben –al–, –al–, –el–, –ul–, –ul–, –ar–, –er–, –ur–, –in–, –en–:

a) nach Cl. IX. (–ēju, –ēju, –eht):

jah–d–el–eht, hin und her reiten, jackern, (jah–t, IV.);
rau–ft–el–eht, zerren, (rau–t, III.);
urb–el–eht, etwas bohren, (urb–t, IV.);
ohschn–eht (f. ohd–in–eht), schnüffeln, (ohf–t, riechen, IV.);

b) nach Cl. VI. (–āju, –āju, –aht):

staig–al–aht, etwas hin und her gehen, (staig–aht, VI.);
krahp–al–aht, etwas betrügen, (krahp–t, IV.);
kauk–ur–aht, wiederholt heulen, (kauk–t, IV.);

c) nach Cl. VII. (–oju, –oju, –oht):

spihg–ul–oht (f. spihd–ul–oht), schimmern, funkeln, (spihd–eht, XII.).

§ 155. Von Substantiven oder Adjectiven bilden sich Verba (Denominativa):

a) nach Cl. VI.:

gohd–aht, ehren, (gohds);
fukk–aht, kämmen, (fukkas, Pl.);

b) nach Cl. VII.:

johk–oht, scherzen, (johks);
mehr–oht, messen, (mehrs);
kuptsch–oht, Händler sein, (kuptschis);
dsühw–oht, lebendig sein (dsühws);
klibb–oht, lahmen, hinken, (klibs);

c) nach Cl. VIII.:

medd–iht, jagen, (mesch, Wald);
rohb–iht, ferben, (rohbs);
tihr–iht, rein machen, (tihrs);

d) nach Cl. IX.:

prezz–eht, freien, kaufen, (prezze, Waare);
aukl–eht, Kinderwärterin sein, (aukle);
flaw–eht, rühmen, (flawa).

II. Zusammensetzung.

1. Zusammensetzung der Nomina.

§ 156. Bei ächter Zusammensetzung pflegt das erste Element (Substantiv oder Adjectiv — oder Präposition) mit möglichst gekürzter Endung zu erscheinen, während das zweite Element (Substantiv) in die unächte J-Declination oder in die E-Declination übergeht (falls es nicht schon dahin gehört), oft sogar mit Wechsel des Geschlechts. Beisp.: kahj-gallis, Fuß-Ende, (kahja, — gals); juhr-mallis oder juhr-malle, Meeresstrand, (juhra, — malla); — — teew-gallis, Zopf-Ende, dünnes Ende, (teews, — gals); greis-azzis, fem. greis-azze, Schiel-Auge, (greifs, — azs); ween-rohzis, fem. ween-rohze, ween-rohke, Einhand, Einhändiger, Einhändige, (weens, — rohka); — — bes-gohdis, Ehrloser, (bes, — gohds); ap-kakle, Kragen, (ap, um, — kakls, Hals); pa-pehdis, Ferse, (pa, unter, hinter, — pehda, Fußsohle).

§ 157. Bei lockereren Zusammenfügungen zeigt das erste Element vielfach noch Declinations-Endungen, das zweite Element bewahrt seine ursprüngliche Beugung. Beisp.: leelszelsch, Heerstraße, (leels, groß); gohda-wihrs, Ehrenmann; kakla-drahna, Halstuch; — — swehts-deena, Festtag, (swehts, heilig); — — ais-galds, Verschlag; ne-laime, Unglück; — — pa-kurls, etwas taub; ne-dsihws, leblos.

§ 158. Der Bedeutung nach unterscheiden sich vier Classen von Zusammensetzungen:

1) wo das erste Glied eine nähere Bestimmung dem zweiten hinzufügt (Composita determinativa). Beisp.: ahr-puffe, Außenseite; ugguns-weeta, Feuerstätte; res(n)-gallis, dickes (Stamm-) Ende (des Balkens).

2) wo beide Glieder die Person oder das Ding, dem die im Compositum ausgedrückte Eigenschaft angehört, eben nach dieser Eigenschaft bezeichnet (Besitzcomposita). Beisp.: sehr-deenis, Waise, die Kummertage hat, (sehras, Pl., Kummer, deena, Tag); ween-radsis, Einhorn, (weens, — rags); rudd-azzis, Braun-Auge, (ruds, — azs); traf-galwis, Tollkopf, (traks, — galwa); leel-mutte, Großmaul, (leels, — mutte);

3) wo das erste Glied den Gegenstand ausdrückt, auf den die im zweiten Gliede angedeutete Handlung sich richtet. Das zweite Glied ist hier stets ein von Verbis abgeleitetes Substantiv auf -is. Beisp.: rij-kurris, Rijenbeizer, (rijas, Pl., — kurt); war-kallis, Kupferschmidt, (warsch, — kalt); zuhk-gannis, Schweinehüter, (zuhka, — ganniht); wis-gribbis, der Alles will, was die Augen sehen, (wiss, — gribbeht);

4) die Verbindungen von Substantiven mit Präpositionen bewahren nicht den Begriff des zweiten Wortes, sondern bezeichnen meist einen Raum oder eine Zeit oder auch einen Gegenstand mittelst einer Beziehung. Beisp.: **aiſ-krahſnis**, Raum hinter dem Ofen; **pa-gulta**, Raum unter dem Bett; **pa-waſſaris** oder **pa-waſſara**, Frühling, die Zeit vor dem Sommer, (waſſara); **pa-kauſis**, Nacken, unter dem Schädel, (kauſis); **pa-galwe**, Kopfkissen, unter dem Kopf, (galwa); **pee-d-rohkne**, Aermel, an der Hand (rohka).

Anmerk. Die Zusammensetzungen mit **pa** bezeichnen oft eine Ab=Art: **pa-tehwis**, Stiefvater; **pa-meita**, Stieftochter; **pa-egle**, Wachholder, (eine „Art von Tanne"); vor Adjectiven verkleinert **pa** den Begriff: **pa-zeets**, etwas hart; **pa-ſarkans**, röthlich.

2. Zusammensetzung der Verba.

§ 159. Verba werden nur mit ächten (§ 211. 213.) Präpositionen zusammengesetzt. Die Bedeutung der letzteren ist dann in der Hauptsache folgende:

1. **aiſ** a) = hinter — hin: **aiſ-lihſt**, hinterkriechen;

   b) = weg, fort: **aiſ-behgt**, weglaufen; **aiſ-dſiht**, forttreiben;

   c) = zu, im Sinn des Verschließens: **aiſ-darriht**, zumachen; **aiſ-bahſt**, verstopfen;

2. **ap** a) = um, über (ver=): **ap-ſeltiht**, vergolden; **ap-gahſt**, umwerfen; **ap-likt**, umlegen;

   b) = über (be=): **ap-dohmaht**, bedenken, überlegen; **ap-ſmeet**, belachen;

3. **at** a) = herzu: **at-eet**, hergehen; **at-braukt**, herfahren;

   b) = davon weg: **at-darriht**, losmachen; **at-nemt**, wegnehmen;

   c) = zurück: **at-doht**, zurückgeben; **at-raut**, zurückziehen;

4. **da** (in Livl.) = bis — hin: **da-eet**, hingehen; **da-nahkt**, hinkommen;

5. **ee** a) = hinein: **ee-meſt**, hineinwerfen;

   b) bezeichnet den Anfang einer Handlung oder deminuiert dieselbe: **ee-nemt**, anfangen zu nehmen; **ee-greeſt** (maiſi), (ein Brod) anschneiden; **ee-laiſt** (muzzu), (das Faß) anzapfen; — — **ee-ſahpeht**, etwas schmerzen; **ee-ruhkt**, etwas donnern;

6. iſ (is) a) = hinaus, heraus: **iſ–birt**, ausrieſen; **iſ–doht**, ausgeben;

　　b) = auseinander: **iſ–arbiht**, zerreiſſeln; **iſ–ſchkihſt**, zergehen;

7. no a) = von — herab oder von — hinab: **no–likt**, hinlegen; **no–kahpt**, herabſteigen;

　　b) = hinweg: **no–dſiht**, wegtreiben; **no–nemt**, wegnehmen;

8. pa a) = unter, drunter hin: **pa–bahſt**, unterſtecken; **pa–lihſt**, unterkriechen;

　　b) deminuiert den Verbalbegriff: **pa–ſpirgt**, ein wenig erſtarken; **pa–ſmeet**, lächeln; **pa–tezzeht**, ein wenig laufen;

9. pahr a) = über, hinüber: **pahr–kahpt**, hinüberſteigen; **pahr–luhkoht**, überſchauen;

　　b) = entzwei (hindurch): **pahr–plehſt**, entzweiſpalten; **pahr–zirſt**, entzweihauen;

　　c) zeigt ein Uebermaaß an: **pahr–mirkt**, zuviel weichen;

　　d) = wiederum, von Neuem, anders: **pahr–taiſiht**, ummachen, überarbeiten;

　　e) = heim: **pahr–nahkt**, heimkommen;

10. pee a) = hinzu, zu, an, bei: **pee–feet**, anbinden; **pee–ſneegt**, erreichen; **pee–meſt**, zulegen;

　　b) deminuiert den Verbalbegriff: **pee–dilt**, etwas ſich abſchleiſen; **pee–kuſt**, etwas müde werden, (vergl. **no–dilt**, ganz ſich abſchleiſen; **no–kuſt**, ganz matt werden);

11. ſa = zuſammen: **ſa–nahkt**, zuſammenkommen; **ſa–gahdaht**, von verſchiedenen Seiten her (zuſammen=) beſorgen;

12. uſ (uhſ) a) = hinauf: **uſ–kahpt**, hinaufſteigen; **uſ–eet**, auf etwas ſtoßen, im Gehen finden;

　　b) in übertragener Bedeutung: **uſ–runnaht**, anreden; **uſ–turreht**, erhalten, ernähren.

Anmerk. 1. Faſt alle Präpoſitionen können in Zuſammenſetzungen die Vollendung der Handlung andeuten: **aiſ–migt**, einſchlafen; **ap–ehſt**, aufeſſen; **ap–flihzinaht**, erſäufen; **at–ehſtees**, ſich ſatt eſſen; **iſ–ſchuht**, austrocknen; **no–dilt**, ganz ſich abſchleifen; **no-plaut,** fertig mähen; **no-eet,** bis ans Ziel hingehen; **pa-darriht,** fertig machen; **pa-rahdiht,** ganz zeigen, beweiſen; **pee-ſmelt,** voll ſchöpfen; **pee-kraut,** voll laden; **ſa-pluhkt,** zerpflücken; **ſa-ſalt,** zufrieren.

Anmerk. 2. Die unächten Präpoſitionen (§ 211. 213.) verbinden ſich nur in ganz lockerer Weiſe mit Verben und bewahren eigentlich immer ihre adverbiale Selbſtändigkeit, werden daher richtiger gar nicht mit dem Verbo zuſammengeſchrieben: **zaur lihſt,** durchkriechen, 1. Präſ. **leenu zauri**; **pakkaf tezzeht,** nachlaufen, 1. Präſ. **tekku pakkaf.**

Anhang.
Ueber Entlehnungen aus dem Deutſchen.

§ 160. Da die Cultur dem lettiſchen Volk faſt ausſchließlich durch Deutſche vermittelt iſt, ſo ſind Wortentlehnungen aus dem Deutſchen in großer Zahl nothwendig geweſen und ſind noch heute unvermeidlich. Die älteren, bereits eingebürgerten Lehnwörter rühren noch aus dem niederdeutſchen Dialekt der weſtphäliſchen Einwanderer und tragen deſſen Lautcharakter an ſich (z. B. **ſchkinkis,** S-chinken; **ſkohla,** S-chule; u. ſ. w.).

§ 161. Die der lettiſchen Sprache fehlenden Laute hat man bisher bei Entlehnungen folgendermaßen zu erſetzen geſucht:

1) **h** (Hauchlaut) fällt weg: **aube,** Haube; **andele,** Handel;

2) **ch** wird **k** oder **k**: **Kriſtaps,** Chriſtoph; **Mikkelis,** Michael;

3) **f** (**ph, pf, v**) wird **w** oder **b** oder (meiſt) **p**: **weerendele,** Viertel; **blaſchke,** Flaſche; **peddere,** Feder; **rumpis,** Rumpf;

4) **ŏ** wird **u** (oder **a**): **uppuris,** Opfer; **dakteris,** Doktor; **ō** wird **ā** oder meiſt **oh** (d. i. oa): **prahweſts,** Propſt; **lohne,** Lohn; **frohnis,** Krone;

5) **oe** wird **e** oder **ee** (**ei**): **elle,** Hölle; **Eiſtreikeris** (**Eeſtreikis**), Oeſtreicher;

6) **ue** wird **u, oh, i** oder **e**: **ſtutte,** Stütze; **krohplis,** Krüppel; **mizze,** Mütze; **pehlis,** Pfühl;

7) **eu, aeu** wird **u, ei**: **lukturis,** Leuchter; **preilene,** Fräulein.

Anmerk. 1. Für **c** (vor i, e) und für **qu** ſetzt der Lette **z** und **kw**: **Zehſars,** Cäſar; **kwarta,** Quart.

Anmerk. 2. Durch die wachſende Schulbildung lernt der Lette allmählig auch die ihm fremden Laute ausſprechen und bei Fremdnamen, um ſie nicht unkenntlich werden zu laſſen, ſcheint es heutzutage unbedenklich, ja in manchen Fällen nothwendig manche an ſich unlettiſche Laute bei der Uebertragung beizubehalten, namentlich h und f (v, pf) und ö: Hahna kungs, Herr (von) Hahn: Haga oder Haaga, Haag; Frankfurte, Frankfurt; Vorkampf, Vorkampf; Holsteine, Holstein. Alteingebürgertes braucht dabei nicht geändert zu werden, z. B. plinte in flinte, Sprantschi in Franzuschi.

§ 162. Zu beachten sind bei allen Uebertragungen die lettischen Lautgesetze, z. B.

1) die Wandlung von k, g zu ķ, ģ vor i, e (§ 22.): drukkaht oder drikkeht (ja nicht drukkeht), drucken; sahgis, Säge;

2) die Wandlung von s, l, n in sch, ļ, ņ vor mouillierten Lauten (§ 21.): bischkis (nicht biskis), ein Bißchen; balķis, Balken; dranķis, Trank.

§ 163. Den Lehn- und Fremdwörtern pflegt der Lette, wenn irgend möglich eine Endung zu geben, mittelst deren er sie nach Art lettischer Wörter beugen kann. Die deutsche Substantiv-Endung -e bleibt oder wandelt sich in -a oder auch in -is, z. B. rohse, Rose; stunda, Stunde; bleekis, Bleiche. An deutsches consonantisches Wort-Ende tritt am liebsten -e oder -is ziemlich ohne Rücksicht auf das frühere Geschlecht des Wortes: nohte, Noth; ruhme, Raum; plahksteris, Pflaster; kambaris, Kammer. Nur die entlehnten Taufnamen folgen meist der A-Declination.

Adjectiva werden seltner übertragen. Die wenigen folgen wie die ächtlettischen Adjectiva der A-Declination: knaps, knapp; smuks, schmuck; werts, werth.

Die entlehnten Verba folgen zu allermeist der Cl. IX.: ģehreht, gerben; muhreht, mauern; smekkeht, schmecken.

§ 164. Die gebräuchlicheren Taufnamen sind folgende.

1. Männliche Taufnamen.

Ahdams, Adam.
Sanderis, Alexander.
Andrējs, Andreas.
Anss, Hans.
Atte, Otto.
Dahwids, Dahwus, David.
Didsis, Tihzis, Diedrich.
Eerikis, Erich.
Eernasts, Ehrnasts, Ernst.
Eewalts, Ewald.
Ehrmanis, Herrmann.
Ehwahrds, Eberhard.
Jahnis, Dem. Jahnelis, Johann.
Jahseps, Johsups, Joseph.
Jannis, Dem. Jankus, Janzis, Johann.
Jehkabs, Jehkaups, Jehzis, Jacob.
Indrikis, Inga, Ingus, Heinrich.
Jukkums, Joachim.
Jurris, Johrgis, Jurgis, Georg.
Kahrlis, Karl.
Kristaps, Kristups, Christoph.
Krischanis, Krischus, Krists, Christian.
Labrenzis, Lauris, Brenzis, Lorenz.
Mahrtinsch, Mahrkus, Martin.

Mattihfs, Matschus, Tihfs, Matthias.
Mikkelis, Mikkus, Michael.
Niklahws, Klahfs, Klahwus, Nikolaus, Klaus.
Pahwils, Pahwuls, Paul.
Pehteris, Pehtscha, Peter.

Pridrikis, Priddikis, Prizzis, Sprizzis, Frizzis, Friedrich, Fritz.
Sahmelis, Samuel.
Sihmanis, Simeon.
Tohms, Thomas.
Willums, Willis, Wilhelm.

2. Weibliche Taufnamen.

Agāte, Agathe.
Agneese, Annēse, Neese, Nehse, Agnes.
Anna, Annis, Annuscha, Anna.
Bahrbule, Bahrba, Babba, Barbare.
Billa, Sibylle.
Bihna, Binna, Sabine.
Britta, Birra, Brigitte.
Dahrta, Dahrtija, Tija, Dorothea.
Edda, Hedwig.
Eewa, Eva.
Gehrda, Gehda, Gedda, Gertrud.
Ilse, Lihse, Elisabeth.
Juhle, Julie.
Karlīne, Linne, Karoline.
Katrīne, Katscha, Katschis, Trihne, Truscha, Katharina.

Kristina, Kehrsta, Schkehrsta, Christine.
Lawīse, Lascha, Luscha, Louise.
Latte, Lascha, Charlotte.
Lehne, Leene, Helene.
Linore, Leenore, Nohre, Eleonore.
Lihba, Lihbus, Gottliebe.
Madleene, Madlehne, Maddala, Madde, Magdalene.
Margreeta, Margeeta, Magga, Mahdscha, Greeta, Greetschus, Tschihba, Margarete.
Mahle, Amalie.
Mahra, Marrija, (Maija), Marrike, Maria.
Sappa, Tschappa, Sophie.
Anlihse, Anna-Louise.
Saplihse, Sophie-Louise.
Santrihne, Susanna-Katharina.

Vierter Theil.

Syntax.

I. Der Satz und seine Elemente.

§ 165. Die nothwendigen Bestandtheile eines einfachen Satzes sind
1) das **Subject**, d. i. derjenige Gegenstand, von dem etwas ausgesagt wird;
2) das **Prädicat**, d. i. dasjenige, was ausgesagt wird.

§ 166. Als **Subject** dient im Satz ein Substantiv oder Pronomen oder Infinitiv oder ein definites Adjectiv. Beisp.: **zilwehks irr mirstams, es arri esmu mirstams,** der Mensch ist sterblich, ich bin auch sterblich; **rakt man netihk,** zu graben gefällt mir nicht; **behrajs klibbo,** der Braune lahmt.
Anmerk. 1. Das Pronomen als Subject ist in den meisten Personal-Endungen des Verbi schon angedeutet (§ 90.), darum wird es nur in gewissen Fällen ausdrücklich dem Verb beigefügt (§ 255.).
Anmerk. 2. Das Deutsche "man", d. i. Sätze mit unbestimmtem Subject, giebt der Lette einfach durch die subjectlose 3. Person des Verbi: **dsird gan tahdu runnu,** man hört wohl so eine Rede; **to jau sinn,** das weiß man schon.
Anmerk. 3. Es giebt auch Sätze wirklich ohne Subject, nämlich die mittelst unpersönlicher Verba gebildet sind. Beisp.: **lihst,** es regnet; **aust,** es tagt; **nees,** es juckt.

§ 167. Als **Prädicat** dient im Satz ein Verbum oder Nomen. Beisp.: **Deews walda,** Gott regiert; **Deews irr tas wissuwalditajs,** Gott ist der Allregierer; **Deews irr schehlihgs,** Gott ist gnädig.
Anmerk. 1. Das Verbindungswort zwischen Subject und Prädicat in der Präsensform (**irr,** ist) bleibt sehr häufig weg, ohne daß eine Zweideutigkeit des Sinnes entsteht, denn das

Adjectiv oder Particip steht als Attribut (§ 169.) vor, als Prädicat nach seinem Substantiv. Beisp.: **lohps dsīhws, akmins nedsīhws**, das Thier ist lebendig, der Stein ist leblos; **puisis isbrauzis**, der Junge ist ausgefahren; **wilks noschauts**, der Wolf ist todtgeschossen. Aber: **noschauts wilks**, ein erschossener Wolf; **dsīhws putns**, ein lebendiger Vogel.

Anmerk. 2. Ist das Prädicat ein Verbum, so muß es in dem Numerus, ist es ein Nomen, so muß es in Numerus und Casus, ja wenn es ein Adjectiv (Particip) oder ein Substantiv mit männlicher und weiblicher Endung ist, auch im Geschlecht mit dem Subject übereinstimmen. Beisp.: **es raudu, juhs smeijatees**, ich weine, ihr lacht; **saimneeks labs, saimneeze sihksta, behrni beskaunigi**, der Wirth ist gut, die Wirthin ist geizig, die Kinder sind ungezogen; **tizziba irr neredsamu debbess dahwanu sanehmeja**, der Glaube ist aller unsichtbaren Himmelsgüter Empfänger.

Anmerk. 3. An Stelle des Prädicats-Nominativs anderer Sprachen bei den Passiven: genannt, erwählt werden zu —, gehalten werden für etwas u. s. w., braucht der Lette **par** mit dem Accusativ, z. B. **winsch tappa saukts par Jahni**, er wurde Johannes genannt; **winsch tappa zelts par teesas wihru**, er wurde zum Richter ernannt; **winsch tohp turrehts par mulki**, er wird für einen Dummkopf gehalten.

§ 168. Minder wesentliche nur zur Erweiterung dienende Bestandtheile des Satzes sind das Object, das Attribut, die Apposition.

1. Das Object ist derjenige Gegenstand, auf den sich die Handlung des Verbi bezieht. Das Object steht meistens im Accusativ. Beisp.: **gohda waldineekus**, ehre die Obrigkeit.

§ 169. 2. Attribut nennt man ein vor ein Substantiv gestelltes Adjectiv, Particip oder Pronomen, wodurch eine wesentlich zum Begriff des Substantivs gehörige Bestimmung angedeutet wird, z. B. **labs wihrs**, ein guter Mann; **behrs sirgs**, ein braunes Pferd; **schī seewa**, dieses Weib.

§ 170. 3. Apposition heißt die einem Substantiv beigefügte Nebenbestimmung, welche mit ihm nicht einen Begriff bildet, sondern nur beschreibt oder erläutert, z. B. **Deews, muhsu kungs un tehws**, Gott, unser Herr und Vater.

Anmerk. Attribut und Apposition müssen rücksichtlich ihrer Endung in derselben Weise wie das Prädicat (§ 167., Anmerk. 2.) mit dem zugehörigen Substantiv übereinstimmen, z. B. **mihlsch draugs**, ein lieber Freund; **mihla seewa**, eine liebe Frau; **Deewam, sawam kungam, buhs klausiht**, Gott, seinem Herrn, muß man gehorchen.

II. Zahl und Geschlecht.

§ 171. Der Lette hat viele Substantiva in Gebrauch, die überhaupt nur, oder in gewisser Bedeutung nur in der Mehrzahls=form vorkommen, obschon im Deutschen Singularformen entsprechen, z. B. **meeschi**, Gerste; **salmi**, Stroh; **durwis**, Thür; **sukkas**, Kamm; **swehtki**, Fest; **Jurgi**, Georgitag; **dusmas**, Zorn; **kristibas**, Taufseier; **wakkari**, Westen; u. s. w.

§ 172. Das lettische Masculinum der **Pronomina** und **Participia** vertritt das **Neutrum** anderer Sprachen, z. B. **kas tas warr buht?** was kann das sein? **tas nau nekas,** das ist nichts; **par neko,** um nichts; **wiss irr padarrihts,** alles ist gethan; **tas irr sinnams,** das ist bekannt.

Für das als Prädicat oft wünschenswerthe **Neutrum** des **Adjectivs** erscheint im Lettischen die Adverbialform. Sonst tritt auch die Substantivbildung auf -ums ein. Beisp.: **tas irr labbi, slikti, wesseligi,** das ist gut, schlecht, heilsam; **sallums,** Grünes; **beesums,** Dickes.

§ 173. Das **Demonstrativpronomen** (als Subject) richtet sich abweichend vom Deutschen, (wo es in der Regel Neutral=form hat), stets nach dem Geschlecht und der Zahl des bezüglichen Prädicats. Beisp.: **schis irr mans pastarinsch,** dieses ist mein jüngster; **tā irr kristiga mihlestiba,** das ist christliche Liebe; **tee irr duhschigi wihri,** das sind muthige Männer.

III. Artikel.

§ 174. Der Lette braucht das Demonstrativpronomen **tas, der, ta, die,** gern als bestimmten Artikel

1) bei einzelnen Personen oder Dingen, die dem Redenden oder Hörenden schon bekannt sind oder wenigstens durch irgend eine hinzugefügte nähere Bestimmung (Genitiv, definites Adjectiv, Possessivpronomen) von andern Personen oder Dingen unter=schieden erscheinen. Beisp.: **tas kungs muhs schehlo,** der Herr (d. i. Gott) erbarmt sich unser; **dohd man to naudu!** gieb mir das Geld (wovon eben die Rede ist); **sauz man to Sprizzi!** rufe mir den Fritz her! **tee desmit Deewa baušli,** die zehn Gebote Gottes; **tas behrajs sirgs,** das braune Pferd; **nemm no tahs mannas naudas;** nimm von meinem Gelde;

2) bei Zusammenfassung gleichartiger Personen oder Dinge zu einem Ganzen, z. B. **tee kehnini masu tauschu waijadsihas retti pasihst,** die Könige kennen selten der kleinen Leute Bedürfnisse.

§ 175. Der Lette setzt abweichend vom Deutschen den Artikel **nicht**

1) wenn ein Substantiv nur den Begriff im Allgemeinen angeben soll: **zilwehks nedsihwo no maises ween**, der Mensch lebt nicht von Brod allein; **pa juhru**, über das Meer; **ko darbineeki strahda?** was arbeiten die Knechte?

2) wenn etwaige Attribute keinen Gegensatz oder Unterschied andeuten, z. B. **Latweeschu walloda**, die lettische Sprache;

3) wenn aus dem Zusammenhang der Rede jede Hinweisung oder nähere Hervorhebung überflüssig wird, z. B. **kur lohpi?** wo ist das Vieh? **kur behrni?** wo sind die Kinder? **waj kungi mahjās?** ist die Herrschaft zu Hause?

Anmerk. 1. **pats** ohne Artikel heißt selbst, **pats** mit dem Artikel heißt derselbe. Beisp.: **pats tehws, pats tas tehws, tehws pats, tas tehws pats**, der Vater selbst; **tas pats wihrs**, derselbe Mann.

Anmerk. 2. Als unbestimmter Artikel wird gebraucht das Zahlwort **weens**, ein, fem. **weena**, oder das unbestimmte Pronomen **kahds**, ein, ein gewisser, fem. **kahda**.

IV. Substantiv und Adjectiv.

§ 176. Der Lette braucht gern die Substantiva auf -**tajs**, fem. -**tāja**, -**ejs**, fem. -**ēja**, -**neeks**, fem. -**neeze**, -**schana**, reflex. -**schanahs** statt des deutschen Verbi, wenn dieses eine Handlung oder ein Geschehen in besonderer Dauer, resp. Wiederholung, andeutet. Beisp.: **dshiwotajs tas wairs nebuhs**, der wird nicht (lange mehr) leben; **sehjs jau arrajs**, der Junge versteht schon zu pflügen; **meita labba audēja**, das Mädchen webt gut; **tee kalpi irr palizzeji**, die Knechte haben im Sinn zu bleiben (den Dienst nicht zu verlassen); **nu wakkars nahk, nu schis irr strahdneeks**, jetzt kommt der Abend, nun arbeitet er fleißig; **man bija leela kaweschanahs**, ich wurde sehr lange aufgehalten.

Anmerk. Umgekehrt setzt der Lette gern das Verbum statt des deutschen Substantivs, wenn mehr ein augenblickliches Geschehen als eine Dauer oder eine Wiederholung desselben angedeutet sind. Beisp.: **kur winni satikkahs?** wo fand die Begegnung statt? **zik jauki skattitees!** welch ein schönes Schauspiel!

§ 177. Die bestimmte (definite) Form des Adjectivs braucht der Lette entsprechend dem deutschen Adjectiv mit dem bestimmten Artikel immer, wo in Folge eines auch vielleicht nur gedachten Gegensatzes oder Vergleiches ein besonderer Nachdruck auf dem Adjectiv liegt. Beisp.: **kurrā grahmatā mahki laffiht? leelajā**, in welchem Buch verstehst Du zu lesen? in dem großen (sc. Buche; das kleine ist schon durchgelesen); **majajś kundfinsch nomirra**, der kleine Junker starb (im Gegensatz des größeren, noch lebenden).

Anmerk. 1. Zum Vocativ wird regelmäßig die definite Adjectivform (sei es attributiv vor=, oder appositiv nach=) gesetzt. Beisp.: **schehligajś Deews!** gnädiger Gott! oder **Deewin, schehligajś** oder **schehligo**! Gottchen, Gnädiger! **mihlee draugi!** liebe Freunde! oder **draugi, mihlee!** Freunde, (ihr) Lieben! **mihlā feewina!** liebes Weibchen! oder **feewina, mihlā!** Weibchen, (Du) Liebe.

Anmerk. 2. Durch die definite Endung erhält das Adjectiv oder Particip sehr oft die Geltung eines Substantivs. Beisp.: **tas wezzajś**, der Alte; **tee baggatee**, die Reichen; **ehdamajś**, Futter (das Eßbare); **greeschamajś**, Schneidewerkzeug (womit geschnitten wird).

Anmerk. 3. Die definite Form des Comparativs vertritt den Superlativ. Beisp.: **tas mihlakajs draugs**, der liebste Freund (§ 74.). Die definite Form gehört zum Merkzeichen aller Ordnungszahlen außer der zweiten: **pirmajs**, der erste, **pirmā**, die erste; **treschajs**, der dritte, fem. **treschā**; aber **ohtrs**, der zweite (andere), fem. **ohtrā** (§ 78.).

V. Vom Gebrauch der Casus.

1. Nominativ.

§ 178. Der Nominativ ist der Casus des Subjects und des auf das Subject bezogenen Prädicats (§ 165—167.), also namentlich nach den Verben sein (**buht**) und werden (**tapt, tikt, kluht** zur Bildung des Passivs und **palikt, nahkt** bei Adjectiven). Beisp.: **brahlis bija flims**, der Bruder war krank; **dikti tappa fakauts**, er wurde sehr zerprügelt; **palikka weffels**, er wurde gesund; **nahks wezzahks**, er wird älter werden.

Anmerk. 1. Bei reflexiven Verben wie **teiktees**, sich rühmen, von sich sagen; **liktees**, sich anstellen; **leelitees**, sich groß thun, prahlen; **schkjistees**, von sich meinen; wird das nominale Prädicat des Objects, weil dieses letztere daffelbe ist mit dem Subject, auch in den Nominativ gesetzt. Beisp.: **winsch teizahs baggahts**, er nennt sich reich; **es schkeetohs labbi darrijis**, ich meine gut gehandelt zu haben; **winsch leekahs mulkis**, er stellt sich dumm an.

Anmerk. 2. Auch **pats**, selbst, wird gern vom Subjects-Nominativ an sich gezogen, auch wenn es eigentlich aufs Object sich bezieht. Beisp.: **papreekfch taifnojees pats, tad aifbildini zittus**, erst rechtfertige Dich selbst, dann vertheidige andere.

2. Vocativ.

§ 179. Im Vocativ steht die angeredete Person oder Sache, und, wo irgend noch die eigenthümliche Vocativform vorhanden ist, namentlich bei Eigennamen und Deminutiven (§ 38. 46. 65.), darf sie nicht durch die Nominativform ersetzt werden. Beisp.: **brahli!** Bruder! nicht **brahlis! Ahdam!** Adam! nicht **Ahdams! Kungs Jesu Kristu!** Herr Jesus Christus! nicht **Kungs Jesus Kristus!**

Anmerk. Das Adjectiv tritt zum Vocativ in der definiten Form. Beisp. siehe § 72. 177. Anmerk. 1.

3. Accusativ.

§ 180. Der Accusativ ist der Casus des Objects, bezeichnet im Allgemeinen daher den Gegenstand, auf den eine Thätigkeit sich bezieht.

§ 181. 1. Nach transitiven Verben bezeichnet der Accusativ das äußere Object. Beisp.: **mehs sludinajam Deewa wahrdu**, wir verkündigen Gottes Wort; **mahte mahza behrnus**, die Mutter unterrichtet die Kinder.

Anmerk. 1. Abweichend von andern Sprachen setzt der Lette den Accusativ zu den Verben: **schehloht** (z. B. **nabaggus**), sich erbarmen über (die Armen); **sekt (wilku)**, (einem Wolf) folgen, (ihn) verfolgen; **klausiht (gudrus laudis)**, hören auf (kluge Leute); **peeminneht (draugu)**, sich erinnern, gedenken (des Freundes).

Anmerk. 2. Intransitive Verba werden sehr oft durch Zusammensetzung mit einer Präposition in transitive gewandelt, die nur einen Objectsaccusativ zu sich nehmen können. Beisp.: **pahrtezzeht (zeļļu)**, über (den Weg) laufen; **useet labbu weetu**, (einen guten Platz) finden; **isbehgt (tautas)**, den Freiern entfliehen; **satikt (meitu)**, (einem Mädchen) begegnen; **uswarreht (eenaidneekus)**, (die Feinde) besiegen. (Vergl. die einfachen Verba: **tezzeht**, laufen; **eet**, gehen; **behgt**, fliehen; **tikt**, gelangen; **warreht**, vermögen.

§ 182. 2. Bei transitiven und intransitiven Verben finden sich Accusative, die das innere Object bezeichnen. Beisp.: **dseesmu dseedaht**, ein Lied singen; **saldu meegu gulleht**, einen süßen Schlaf schlafen; **zaurumu kalt**, ein Loch meißeln.

§ 183. 3. Nach Verbis des Nennens, Erwählens, für etwas haltens u. dergl. folgt ein auf das Object bezüglicher Prädicatsaccusativ (oder statt dessen **par** mit dem Accusativ, § 167. Anmerk. 3.). Beisp.: **manni sauz Jahni** (oder **par Jahni**), man nennt mich Johann; **winsch manni teiz schahdu tahdu**, er schimpft mich einen solchen und solchen.

§ 184. Der Accusativ drückt ferner die Ausdehnung des Raumes und der Zeit aus:

1) auf die Frage wie lang? wie breit? wie hoch? **diwi pehdas garsch**, zwei Fuß lang; **weenu pehdu plats**, einen Fuß breit. (Ebenso wird der Genitiv gebraucht, § 200.);

2) auf die Frage wie lange? **zauru deenu esmu strahdajis**, den ganzen Tag hindurch habe ich gearbeitet; **trihs gaddus slims gulleja**, drei Jahr lag er krank;

3) auf die Frage wie alt? **behrns trihs gaddus wezs**, das Kind ist drei Jahr alt. (Ebenso wird der Genitiv gebraucht, § 200.);

4) auf die Frage wann? während welcher Zeit? **rihtu**, morgen, im Lauf des morgenden Tages, (neben dem Locativ **rihtâ**); **parihtu**, übermorgen; **scho nakti**, in dieser Nacht; **nahkoschu gaddu**, im kommenden Jahr; **daschu reisu**, manches Mal; **ikdeenas**, alle Tage; u. s. w.

Anmerk. 1. Der Locativ bei Zeitangaben bezeichnet weniger die Dauer oder Periode, als den Zeitpunkt (§ 189.).

Anmerk. 2. Bei Jahr- und Datum-Angaben stehen die Monatstage beim kürzesten Ausdruck im Accusativ, Jahr und Wochentag im Locativ. Beisp.: **tuhkstosch' astonsimt peezdesmit astotâ gaddâ, seschpadsmitu Merz, puhpulu swehtdeenâ mans dehlinsch peedsimmis**, im Jahre 1858, den 16. März, am Palmsonntag ist mein Söhnchen geboren. (Vergl. § 254.).

§ 185. Der beliebte Accusativ im Ausruf mit oder ohne Interjection bezeichnet das Object der Freude, Klage, Verwunderung, des Unwillens u. s. w.: **ak tawu zeetu sirdi!** ach, über dein hartes Herz! **wai mannu suhru deenu!** weh über den bitteren Tag! **tawu gudru padohmu!** (o) über deinen klugen Rath!

§ 186. Der Accusativ (Sing.) des Mittels oder Werkzeugs, der Ursache, der Art und Weise ist eigentlich nur scheinbar ein Accusativ, in Wahrheit ein besonderer Casus Instrumentalis (§ 32. Anmerk. 3.). Beisp.: **wahrdu sakkoht**, mit einem Worte zu sagen; **baddu mirt**, durch Hunger sterben; **mellu kreklu, plikku galwu staigaht**, mit schmutzigem Hemd, mit bloßem Haupt einhergehen; **winsch palikka trakku prahtu**, er wurde toll.

4. Locativ.

§ 187. Der Locativ bezeichnet im Allgemeinen den Ort (wo? und auch wohin?), steht mithin auf folgende Fragen:

1) wo? worin? worauf? woran? wozwischen? Beisp. **sirgi rudsôs**, die Pferde sind im Roggen; **Kreewu semmê**, in Rußland; **leelâs behdâs**, in großem Kummer; **widdû**, in der

Mitte; **starpâ**, in dem Zwischenraum; **augſchâ**, oben; **ſemmé**, an der Erde, unten —; **kalnâ**, auf dem Berge; **jumtâ**, auf dem Dach; — **Kriſtus kruſtâ**, Christus am Kreuz; **zeppure wadſi**, die Mütze (hängt) am Pflock; — **auſâs daudſ lehzu**, zwischen dem Hafer sind viele Wicken;

Anmerk. Im Gebrauch der Präpositionen (**eekſch**, in; **uſ**, auf, an; **pee**, bei; **ſtarp**, zwischen), ist Sparsamkeit zu empfehlen. Der ächte Lette braucht sie nur, wo der bloße Locativ zweideutig wäre. Beisp.: **grahmata plaukrinâ**, das Buch ist auf dem Brett (Regal); aber **grahmata uſ ſkappi**, das Buch liegt auf dem Schrank.

2) wohin? wohinein? wohinauf? wohinunter? worunter? wozwischen? Beisp.: **eij iſtabâ**, geh' in die Stube; **brangi ſkann auſis**, herrlich klingt es in die Ohren; **kalnâ kahpis**, auf den Berg gestiegen; **zellôs nomettees luhdſahs**, auf die Knie sich geworfen habend fleht er; **ſaldatôs, nabaggôs eet**, unter die Soldaten, Bettler gehen, d. i. Soldat, Bettler werden.

§ 188. Der Locativ bezeichnet auch den Zweck und den Erfolg der Handlung (auf die Frage wozu?). Beisp.: **darbôs eet**, zur Frohnarbeit gehen; **seenâ, ſalmôs, dakſtinôs braukt**, nach Heu, Stroh, Dachziegeln fahren; **palihgâ nahkt**, zur Hilfe kommen.

§ 189. Der Locativ giebt die Zeit an (abgesehen von der Dauer derselben) auf die Frage wann? Beisp.: **muhſu laikôs**, zu unseren Zeiten; **winnâ nedehlâ**, in jener, d. h. in der vergangenen Woche; **rihtâ**, morgens und morgen; **gailôs**, um die Zeit des Hahnenschreis; **Jahnôs**, um Johannis; **eeſahkumâ**, am Anfang.

§ 190. Der Locativ giebt die Art und Weise an, auf die Frage wie? Beisp.: **augumâ augt**, schnell wachsen; **gruhtâ nahwē nomirt**, eines schweren Todes sterben; **pilnâ rihklê blautees**, aus vollem Halse schreien; **garrâ un pateeſîbâ Deewu peeluhgt**, im Geist und in der Wahrheit Gott anbeten.

5. Genitiv.

§ 191. Der Genitiv bezeichnet im Allgemeinen den Gegenstand, der mit einem anderen zusammengehört. Der lettische Genitiv steht regelmäßig dem Nomen **voran**, zu dem er gehört, und Zusammenstellungen wie **tas Deews tahs mihleſtibas**, der Gott der Liebe, sind vollkommen unlettisch.

§ 192. In Verbindung mit Substantiven bezeichnet der Genitiv

1) den Ursprung und die Herkunft: **Mahrtina dehls**, des Martin Sohn; **Wahzſemmes wadmals**, Tuch aus Deutschland; **Rihgas kungi**, Herren aus Riga.

§ 193. 2) das Eigenthum, den Besitz: tehwa mahjas, des Vaters Gesinde; mescha kungs, Waldherr, d. h. Förster.

§ 194. 3) den Stoff (um so häufiger, als dem Letten Adjectiva zu diesem Behuf fehlen): selta gredsenis, goldener Ring; sudraba rubbuli, silberner Rubel; mahlu trauks, Thongefäß; salmu jumts, Strohdach; ohschu laiwa, Boot von Eschenholz; glahschu durwis, Glasthür; nahtnu biksas, leinene Hosen.

§ 195. 4) dasjenige, wovon ein Theil gemeint ist (Genitivus partitivus). Dieser Genitiv steht immer dem zugehörigen Worte nach. Beisp.: puhrs rudsu, ein Lof Roggen; trihs pohdi linnu, drei Liespfund Flachs; kohrtelis brandwihna, ein Quartier Branntwein; druszina maises, ein Weniges Brod. Anmerk. Dieser Genitiv findet sich oft bei Quantitätsadverbien, z. B. daudsi naudas, viel Geld; mas strahdneeku, wenig Arbeiter; zik tew irr behrnu, wie viel Kinder hast du? deewsgan sirgu, genug Pferde. Desgleichen beim Pronomen (Neutr.), z. B. ko labba teiksi? was des Guten wirst du sagen? ko es tew kauna darru? was thue ich dir Böses?

§ 196. 5) das Subject oder Object der Handlung, die in einem Substantiv angedeutet ist. Beisp.: Deewa mihlestiba, Gottes Liebe; keisara pawehleschana, des Kaisers Gebot; — semmes kohpschana, Ackerbau; mantas kahriba, Habsucht; grehku peedohschana, Vergebung der Sünden.

§ 197. 6) die Eigenthümlichkeit. Beisp.: allus kanna, Bierkrug; Wahzu walloda, Sprache der Deutschen; leetus laiks, regnichtes Wetter; mescha weeta, ein Platz im Walde.

§ 198. 7) die Benennung. Beisp.: Jelgawas pilsahts, die Stadt Mitau; kuilu kalns, der Eberberg; Wentas uppe, der Windaufluß; Pukku mahjas, das Pukke Gesinde; Rohpa kungs, der Herr von der Ropp.

Ebenso steht im Genitiv die Amts- oder Rangbezeichnung: daktera kungs, der Herr Doktor; barona kungs, der Herr Baron.

§ 199. 8) eine Begriffssteigerung bei Substantivverdopplungen: pa pasaules mallu mallahm, an allen Enden der Welt; pohds faschkihda gabbalu gabbalôs, der Topf zerbarst in unzählige Scherben; lahgu lahgahm, Mal auf Mal; muhschu muhscham, in alle Ewigkeit.

§ 200. Die Adjectiva pilns, voll; wehrts, werth; kahrigs, begehrlich; und die ein Maaß oder Alter ausdrücken, haben dasjenige im Genitiv bei sich, ohne welches ihr Begriff noch kein vollständiger ist. Beisp.: kulle winnam pilna naudas, der Sack ist ihm voll mit Geld; desmit dahlderu wehrts, zehn Thaler werth; gohda kahrigs, ehrgeizig; gadda wez, ein Jahr alt; diwju pehdu garsch un plats, zwei Fuß lang und breit (§ 184.).

§ 201. Ein Theilungs=Genitiv von Sachen und merkwürdiger Weise auch von Personen steht bei den Verbis: vorhanden sein (haben), fehlen, falls sie unpersönlich gebraucht werden, nöthig sein, nehmen, geben, u. s. w. Beisp.: **pirzeju (irr) maf,** Käufer sind wenig da; **scho gadd' buhs ohgu,** in diesem Jahr wird es Beeren geben; **waj tew irr tehwa?** hast Du einen Vater? **man nau wattas, naudas,** ich habe keine Zeit, kein Geld; **faimneeka nau mahjâs,** der Wirth ist nicht zu Hause; **ehdamā truhkst,** es fehlt an Viehfutter; **weenas meitas truhkst,** eine Dienstmagd fehlt (ist noch nicht engagirt); **palihga waijaga,** Hilfe ist nöthig; **tur waijaga diwju wihru,** dort sind zwei Männer nöthig; — **kur nemsim maises?** wo sollen wir Brod hernehmen? **gaļļas chst,** Fleisch essen; **putras strehbt,** Grütze schlürfen; **bruhkleņu laſſiht,** Strickbeeren lesen; **seewas nemt,** ein Weib heirathen; **muttes, naścha doht,** einen Kuß, ein Messer geben; **laimes wehleht,** Glück wünschen.

Anmerk. Wird etwas Bestimmtes, Bekanntes, Ganzes, gedacht, so steht nicht der Genitiv, sondern der Accusativ Objecti, resp. Nominativ Subjecti. Beisp.: **sirgu pirkt,** ein Pferd kaufen; **dohd man maisi,** gieb mir das Brod; **waj tew irr sirgs?** hast du das Pferd (bei der Hand)? **rubbulis truhkst,** ein ganzer Rubel fehlt (der da sein sollte). Nur **nau** hat stets den Genitiv: **grahmatas tur nau,** das (gesuchte) Buch ist da nicht.

§ 202. Im Genitiv steht ferner

1) das Object des Begehrens, nach den Verbis begehren, wollen, suchen, bitten, fordern, nach etwas gehen, auf etwas warten. Beisp.: **mantas kahroht,** Reichthum begehren; **weetas mekleht,** eine Stelle (Dienst) suchen; **schehlastibas luhgtees,** um Gnade bitten; **gannińsch praſſa willainites,** der Hüter fordert eine wollene Decke; **uhdena, sahtu eet,** nach Wasser, nach Arzenei gehen; **gaida sawas mahmulites,** sie wartet auf ihr Mütterchen;

2) das Object der sinnlichen Wahrnehmung. Beisp.: **putnu dseesmas klausitees,** auf das Lied der Vögel hinhorchen; **meitas, seewas luhkotees,** nach einem Mädchen, nach einer Frau sich umsehen;

3) das Object der Furcht, des Mitleids, der Trauer. Beisp.: **Deewa bihtees,** Gott fürchten (daneben findet sich aber auch der Accusativ); **man irr mahsas schehl,** mir thut leid um die Schwester; **raudu sawas mahmulinas,** ich weine um mein Mütterchen.

§ 203. Ein Genitiv der Ursache steht in eigenthümlich lettischer Weise gern beim (Partic. Prät.) Passivi. Beisp.:

Deewa laists esars, ein von Gott geschaffener See; **schis sirgs manna pascha audschts**, dieses Pferd ist von mir selbst erzogen.

Anmerk. An Stelle dieses Genitivs ist auch sehr eingebürgert der Gebrauch der Präposition **no**, von, mit dem Genitiv.

§ 204. Ueberhaupt in n e g a t i v e n Sätzen steht das Object statt im Accusativ gern im Genitiv (wie im Litthauischen und Slavischen). Beisp.: **nemahku tā darba**, ich verstehe die Arbeit nicht; **neredş saules uşlezzam**, man sieht nicht die Sonne aufgehen; **neteiza nekā**, er sagte nichts.

6. Dativ.

§ 205. Der D a t i v bezeichnet im Allgemeinen die Person oder Sache, welche zu einer Thätigkeit in einer e n t f e r n t e r e n B e z i e h u n g steht. Beisp.: **dohdi draugam sirdi**, gieb dem Freunde das Herz; **brahlim grahmatu raksta**, er schreibt dem Bruder einen Brief. So bei **likt**, befehlen, **laut**, erlauben: **leez winnam seenu plaut**, befiehl ihm Heu zu mähen; **lauj behrnam wissu walku**, er läßt dem Kinde allen Willen. So bei **luhgt**, bitten, **prassiht**, fordern: **luhdş tehwam, laj dohd**, bitte den Vater, daß er gebe; **prassi brahlim sirgu**, fordere vom Bruder ein Pferd. So bei vielen Intransitivis: **tehwam klausiht**, dem Vater gehorchen; **draugam tizzeht**, dem Freunde vertrauen; **man slahpst, nees, salst**, mich dürstet, juckt, friert; **man irr schehl**, mir thut leid.

§ 206. Der Dativ des Interesses bezeichnet

1) die im V o r t h e i l oder N a c h t h e i l befindliche Person. Beisp.: **saimneekam strahdaht**, für den Wirth arbeiten; **sewihm dşihwoht**, für sich leben; **dehlinsch man nomirra**, das Söhnchen ist mir gestorben; **man işdohdahs, setkahs**, es gelingt mir, hat Erfolg;

2) den B e s i t z e r: **man irr**, ich habe; **man peederr**, es gehört mir; **man nau**, ich habe nicht; **man truhkst**, mir fehlt; **man waijaga**, mir ist nöthig, ich habe nöthig. (Vergl. die Bildung des imperativischen Debitivs, § 123.)

§ 207. Ferner bezeichnet der Dativ

1) die t h ä t i g e Person beim D e b i t i v P a s s i v i: **man jasakka**, ich muß sagen; **tew jamirst**, du mußt sterben;

2) eine G e m e i n s c h a f t, eine Uebereinstimmung, ein freundliches oder feindliches Zusammentreffen. Beisp.: **dehls tehwam lihdşigs**, der Sohn ist dem Vater ähnlich; **eij winnam lihdş, — prettihm**, geh ihm mit, — entgegen; **winsch irr man radda**, er ist mir verwandt;

3) einen Z w e c k: **tee rudşi buhs sehklai**, dieser Roggen wird zur Saat dienen; **kam?** warum? wozu?

4) ein **Prädicat** zu einem beim Infinitiv der Verba sein und werden stehenden Dativ oder Accusativ Subjecti: **tew gan tittu baggatam palikt,** dir gefiele wohl reich zu werden; **tew newaijaga buht bailigai,** du (fem.) mußt nicht furchtsam sein; **laj Deews juhs stiprina beswainigeem buht un palikt,** Gott stärke euch schuldlos zu sein und zu bleiben.

Anmerk. Ueber den absoluten Dativ einer Person oder Sache mit dem Partic. Präs. Act. I. siehe § 300.

§ 208. Der Dativ (Plur.) des Mittels oder Werkzeuges (der Ursache oder des Grundes), der Art und Weise, der Zeit und des Ortes ist nur scheinbar ein Dativ, in Wahrheit ein besonderer alter Casus Instrumentalis. Beisp.: **azzihm redseht, ausihm dsirdeht,** mit den Augen sehen, mit den Ohren hören; **tschetreem sirgeem braukt,** mit vier Pferden fahren; **kahjahm (kahjuhm) eet,** zu Fuß gehen; **baffahm kahjahm,** barfuß; **sohleem,** im Schritt; **rikscheem,** im Trabe; **deenahm, naktihm,** Tage und Nächte hindurch; **scheem gaddeem,** in diesen Jahren; **weetahm,** an verschiedenen Orten.

VI. Von den Präpositionen.

Allgemeines.

§ 209. 1. Die ursprüngliche und gewöhnliche Bedeutung der Präpositionen ist eine räumliche und dann eine zeitliche. Selten deuten sie eine Ursache an (**dehl, labbad, pehz,** wegen) oder die Art und Weise (**bes,** ohne; **ar,** mit).

§ 210. 2. Auf die Frage wo? verbinden sich die Präpositionen in der Regel mit dem Genitiv (selten mit dem Accusativ: **ais,** hinter, **us, aus**); auf die Frage wohin? vorzugsweise mit dem Accusativ, oft aber auch mit dem Genitiv; auf die Frage woher? ausschließlich mit dem Genitiv.

§ 211. 3. Die Präpositionen zerfallen in

a) ächte und unächte. Erstere setzen sich zusammen mit Verben (§ 159.) und kommen niemals einzeln und abgesondert als Adverbien vor; letztere dienen oft auch als Adverbia und verbinden sich mit Verben nur sehr locker (z. B. **zauri lihst,** durchkriechen, 1. P. Präs. **es leenu zauri**);

b) trennbare und untrennbare. Letztere finden sich nur in Verbindung mit Verben: **at,** nach — **hin, von** — her; **ee,** in — hinein; **sa,** zusammen — mit (§ 159.).

Anmerk. Einige „Präpositionen" sind eigentlich Postpositionen, d. h. sie stehen dem zugehörigen Nomen nicht voran, sondern nach (**dehl, labbad, pehz,** wegen).

§ 212. 4. Alle Präpositionen, mögen sie auch den Genitiv oder Accusativ Sing. sonst neben sich haben, fordern doch von der Mehrzahlsform (Plural) niemals den Accusativ, den Genitiv nur seltener, in der Regel steht statt des Accus. oder Genitivs der Dativ Plur. Beisp.: **no kalna**, vom Berge herab, Pl. no **kalneem; uf pilsahtu**, nach der Stadt, Pl. **uf pilsahteem; bef firga**, ohne Pferd, Pl. oft: **bef firgu**, meist aber doch: **bef firgeem**.

§ 213. Tabellarische Uebersicht der Präpositionen nach ihren Classen und ihrem Gebrauch:

	Ächte Präpositionen.		Unächte Präpositionen.	
	Trennbare.	Untrennbare.	Vorgesetzte.	Nachgesetzte.
Accuf.	ap, um. par, über, für.		apkahrt, um. ar, mit. gar, längs. pakkal, hinter, nach. pret, gegen. zaur, durch.	
Genit.	bef, ohne. if, aus (Livl.). no, von. pee, bei.	at, zurück. ee, hinein.	eekfch, in. pehz, nach. preekfch, vor. fchipuff, diesseit. winpuff, (ohtrpuff,) jenseit.	dehl, labbad, pehz, } wegen.
Dativ.	da, bis (Livl.).	fa, zusammen.	blakkam, neben.	
Accufat. und Genitiv.	aif, hinter, jenseit. uf, auf.		appakfch, unter. ftarp, zwischen. fem, unter (Livl.). wirf, auf.	
Accuf. u. Dativ.	pa, durch, auf, unter.		lihdf, bis.	

1. **Präpositionen mit dem Accusativ.**

§ 214. **ap, um,**

räumlich: wohin? **drahnu ap kaklu feet**, ein Tuch um den Hals binden; **ap wiffu robbefchu apftaigaht**, um die ganze Grenze herum gehen;

räumlich: wo? und zeitlich wann? bei ungefähren Ort- und Zeitangaben: **ap Jelgawu**, in der Umgegend von Mitau; **ap trefchu ftundu**, ungefähr um die dritte Stunde; **ap Jahneem**, um Johanni.

Anmerk. **apkahrt**, um (und Adverb: herum), auf die Frage wo? und wohin? **apkahrt kalnu faule tekk**, am den Berg läuft die Sonne. Der Genitiv zu **apkahrt** ist nicht zu empfehlen.

§ 215. *ar, mit*),

Begleitung und Annäherung: **tehws ar dehlu strahda,** der Vater mit dem Sohne arbeitet; **ar kaiminu saeetees,** mit den Nachbaren zusammenkommen; **ar eenaidneeku kautees**, mit dem Feinde sich schlagen;

innere Verbindung: **ar preeku strahdaht,** mit Freuden arbeiten; **ar meeru buht,** zufrieden sein;

Mittel und Werkzeug: **ar nasi greest,** mit einem Messer schneiden; **ar naudu palihdseht,** mit Geld helfen;

Ursache bei Krankheitsangaben: **winsch gull ar kruhtihm,** er ist brustkrank („er liegt mit der Brust"); **brehz ar wisseem kauleem, ar sohbeem,** er hat Nervenfieber, Zahnschmerzen („er schreit mit allen Knochen, mit den Zähnen").

Der örtlich vorkommende Genitiv bei **ar** ist für die Schrift nicht zu empfehlen.

§ 216. *gar (gar), längs, entlang, auf die Frage wo? und wohin? **gar uppi,** den Fluß entlang; **gar schohgu,** längs dem Zaun.

§ 217. *pakkaļ, hinter (als Adverb. hinten): **weens pakkaļ ohtru,** einer hinter dem andern. Als Adverb. dem Dativ nachgestellt: **eij tehwam pakkaļ,** gehe dem Vater nach, d. h. um ihn zu holen.

§ 218. par (*pahr, tahmisch), über, durch (als Adverb. und in Zusammensetzungen nur **pahr** [pahri, pahrim]):

räumlich: über, auf, durch, auf die Frage wo? **par lauku staigaht,** auf dem Felde umherspazieren; auf die Frage wohin? **par tiltu braukt,** über die Brücke (hinüber) fahren;

zeitlich, während (= **pa**), bei Zeitbestimmungen ohne Zahl: **pa seemu,** während des Winters; **par deenu, par nakti,** den Tag, die Nacht hindurch;

bei Vergleichungen, über (als bei dem Comparativ): **dehls leelahks par tehwu,** der Sohn ist größer als der Vater („über den Vater");

zur Angabe der Ursache bei den Verbis: sich freuen, sich betrüben u. dergl.: **preezatees par sawu behrnu,** sich über sein Kind freuen; **par ko tu behda, raudi?** worüber betrübst du dich, weinst du? **apschehlojees par man!** erbarme dich über mich!

zur Angabe des Zweckes: **par palihgu nahkt,** zur Hilfe kommen; **par spihti,** zum Trotz; **par leezibu,** zum Zeugniß;

---

*) Das Sternchen (*) bezeichnet hier und in den folgenden §§, daß die Präposition eine unächte ist.

zur Angabe einer **Stellvertretung** bei den Verbis sein, werden, nennen, wählen, halten und dergl. (§ 167. Anm. 3. 183.): **es tew buhschu par tehwu**, ich werde dir Vater sein; **par kehninu palikt**, König werden; **par teesaswihru zelt**, zum Richter wählen; **tewi turr par schkelmi**, man hält dich für einen Schelm; **nemm par labbu**, nimm (es) für gut (an);

bei Kauf und Tausch, für: **desmits ahbolu par mahrku**, zehn Aepfel für eine Mark; **zik gribbi par scheem sahbakeem?** wieviel willst du für diese Stiefel?

distributiv (wie pa): **ikgaddu iswedda par wesuminu**, alle Jahr führte man hinaus zu je einem Fuderchen.

§ 219. **pret** (prett'), **gegen**,

räumlich: **pret wehju aireht**, gegen den Wind rudern; **pret wakkareem, seemeli**, gegen Westen (Abend), gegen Norden;

in feindlichem Sinn: **dumpi zelt pret kehninu**, Aufruhr erheben gegen den König; **nedohd wiltigu leezibu pret sawu tuwaku**, gieb nicht falsch Zeugniß wider deinen Nächsten;

bei ungefähren Zeitangaben: **pret wakkaru, launagu**, gegen Abend, gegen Mittagszeit.

Als Adverb. **prettihm**, dem Dativ nachgestellt: **kungam prettihm nelamma!** dem Herrn gegenüber schmähe nicht!

Der örtlich vorkommende Genitiv bei **pret** ist für die Schrift nicht zu empfehlen.

§ 220. *****zaur, durch**,

räumlich, mit einer gewissen Anstrengung: **zaur schohgu islihst**, durch den Zaun hindurchkriechen; **zaur dehli naglu dsiht**, durch das Brett einen Nagel treiben;

zur Angabe des Mittels: **zaur Deewa spehku**, durch Gottes Kraft; **zaur sawu mahsu dabuju ar winnu runnaht**, durch meine Schwester bekam ich mit ihm zu reden.

In zeitlichem Sinn wird statt der Präposition das Adjectiv gebraucht: **zauru deenu**, den ganzen Tag hindurch; **zaurahm naktihm**, die Nächte hindurch.

2. Präpositionen mit dem Genitiv.

§ 221. **bes** (oft auch **bes**), **ohne**: **bes darba**, ohne Arbeit; **bes wallodas**, ohne Sprache, sprachlos; **bes rohkahm**, ohne Hände; **bes laudihm**, ohne Menschen (oft auch **bes rohku, bes lauschu, § 212.**).

Bemerkenswerth ist der Gebrauch negativer Pronomina hinter **bes**: **bes nekā**, ohne Alles; **bes nekahda palihga**, ohne alle Hilfe; **bes nekahda drauga**, ohne jeden Freund. (Niemals sagt der Lette **bes wissa palihga** oder dergl.)

§ 222. *deht (dehl), wegen, — halben, dem Genitiv nachgestellt: gohda deht, Ehren halber; mannis deht, meinethalben; kādehl, weswegen; tadeht, deswegen.

§ 223. *eekſch, in (als Adverb. = drin), (dem in Zuſammenſetzungen das einfache ee entſpricht, § 159.):
räumlich, wo? und wohin? ſtahwi eekſch iſtabas, ſtehe, bleibe im Zimmer; eij eekſch iſtabas, geh ins Zimmer. Der ächte Lette zieht meiſt den Gebrauch des bloßen Locativs vor;
zeitlich, innerhalb: eekſch trim deenahm, innerhalb dreier Tage.

§ 224. iſ (und auch is), aus (trennbar nur in Livland, in Zuſammenſetzungen allgemein gebraucht):
räumlich: ſahle iſ ſemmes aug, das Gras wächſt aus der Erde.

§ 225. *labbad, wegen (zu Gute, zu Gefallen), dem Genitiv nachgeſtellt: Kriſtus labbad Deews muhs ſchehlo, um Chriſti willen erbarmt ſich Gott unſerer; tehwa labbad peenemm dehlu, dem Vater zu Gefallen nimm den Sohn an!

§ 226. no, von,
räumlich: no Wahzſemmes atnahzis, von Deutſchland hergekommen; ne no weetas, nicht von der Stelle! no mahjahm (od. no mahju, Gen. Pl.), von Hauſe weg; no jumta, vom Dach herab;
in übertragener Bedeutung: dſirdejahm no tehwa, wir hörten vom Vater (aus des Vaters Munde); no wiſſas ſirds, von ganzem Herzen; ko mahzees no teem deſmit Deewa bauſchteem?. was lernſt du aus den 10 Geboten Gottes? paſargi muhs no wiſſa ļauna, bewahre uns vor allem Uebel; neſlehpees no mannihm, verbirg dich nicht vor mir; behgt no wilka, vor einem Wolf fliehen; no flimmibas atſpirgt, von der Krankheit geneſen; no·wiſſeem tas mihļakajs, von Allen der liebſte;
zeitlich, von, ſeit: no rihta, vom Morgen, in der Morgenzeit; no maſahm deenahm, ſeit der Kindheit (wörtl. von den kleinen Tagen);
zur Bezeichnung des Gegenſtandes bei den Verben reden u. dergl.: runnaſim no lohpeem un laukeem, wollen wir über Vieh und Felder reden;
zur Bezeichnung einer allgemeinen Beziehung: Deews leels no ſchehlaſtibas, Gott iſt groß an Gnade;
beim Paſſiv zur Bezeichnung der thätigen Perſon (des logiſchen Subjectes); wo der ächte Lette gern. den bloßen Genitiv ſetzt (§ 203.): ſchi grahmata no mannihm (od. mannis) rakſtita, dieſer Brief iſt von mir geſchrieben;

no zur Bezeichnung eines Stoffes zu brauchen scheint entschieden unlettisch zu sein: **gredsenis no selta**, statt **selta gredsenis**, ein Ring von Gold.

§ 227. *pehz, nach (als Adverb. = nachher),

räumlich, um anzudeuten, daß jemand oder etwas geholt werden soll: **eij pehz tehwa**, geh nach dem Vater; **brauz pehz daktera**, fahre nach dem Doctor; **skreen pehz sahls**, lauf nach Salz;

zeitlich: **pehz schi laika**, nach dieser Zeit; **pehz darba leen maise**, nach der Arbeit schmeckt (kriecht) das Essen. In letzterer Bedeutung wird auch der Accusativ zuweilen gebraucht: **pehz kahdu brihdi**, nach einer Weile;

gemäß, laut: **pehz Deewa prahta**, nach Gottes Rath; **pehz muhsu kuntraktes**, laut unserm Contract;

nach Art: **pehz tella blautees**, nach Art eines Kalbes blöken; **tas behrns pehz tehwa kriht**, das Kind fällt (schlägt) nach der Art des Vaters;

zur Bezeichnung der Ursache, wegen: **pehz sawa weeniga dehla raudaht**, um seinen einzigen Sohn weinen; **luhgtees pehz leetus**, Gott bitten um Regen. Dem Pronomen wird **pehz** in dieser Bedeutung nachgesetzt: **mannis pehz**, meinetwegen; **sewis pehz**, seinetwegen; **kapehz**, weswegen; **tapehz**, deswegen.

§ 228. pee, bei, an, zu,

räumlich, wo? **pee tehwa**, beim Vater; **pee semmes**, an der Erde; **pee mallas**, am Rande; **pee beigu** (Gen. Pl.), am Ende (§ 212.);

räumlich, wohin? **nahz pee kunga**, komm zum Herrn; **leez pee mallas**, leg (es) bei Seite! Auf die Frage wohin? findet sich auch der Accusativ: **pee to wihru neeeschu**, zu dem Manne werde ich nicht gehen;

in übertragener Bedeutung: **pee to warr pasiht**, darin kann man erkennen; **neraugi wihru pee zeppures**, prüfe den Mann nicht an der Mütze!

Bei Betheuerungen, Flüchen, ist **pee** ein Germanismus: **pee sawas dwehseles to jums apleezinaju**, bei meiner Seele bezeuge ich euch das.

§ 229. *preekfch, vor,

räumlich: **preekfch namma**, vor dem Hause; **preekfch teesas**, vor dem Gericht. Gern wendet der ächte Lette diese Präposition ins Substantiv: **namma preekschâ, teesas preekschâ**;

zeitlich: **preekfch stundas**, vor einer Stunde, (besser lettisch: **stundu atpakkal**); **preekfch Jahneem**, vor Johanni, (besser lettisch: **us Jahneem**);

Bielenstein. Elemente d. lett. Spr. 7

zur Angabe der Ursache, des Zweckes: **mirt preekſch ſawa drauga**, sterben für seinen Freund; **neſſ uhdeni preekſch maſgaſchanas**, bring Wasser zum Waschen. (In diesen Fällen findet sich auch wohl der Accusativ statt des Genitivs.)

§ 230. *****ſchīpuſſ**', diesseit,
winpuſſ',
ohtrpuſſ', } jenseit:

ſchīpuſſ' uppes, diesseit des Flusses; **winpuſſ' Jelgawas**, jenseit Mitau.

3. Präpositionen mit dem Dativ.

§ 231. ***blakkam (blakkahm, blakku)**, neben (als Adverb. == daneben), bald dem Dativ vor, bald (als Adverb.) nachgesetzt: **juhdſ mello blakkam behrajam**, spanne den Rappen neben den Braunen; **winnam blakkam**, neben ihm.

§ 232. **da, bis** (russ. до), nur in Livland und im Hochlettischen gebräuchlich,
räumlich: **da Peebalgai**, bis Peebalg; zeitlich: **da tam brihſcham**, bis zu der Frist.

4. Präpositionen mit dem Accusativ und Genitiv.

§ 233. **aiſ** (in Westkurland **ahſ**), hinter, jenseit,
mit dem Genitiv, räumlich, wo? **aiſ Jelgawas**, hinter Mitau; **aiſ lohga**, hinter dem Fenster; wohin? **eij aiſ namma**, geh hinter das Haus.

Ebenso mit dem Accusativ, aber seltener und minder classisch, als mit dem Genitiv: **aiſ kalnu**, hinter dem Berge.

§ 234. *****appakſch**, unter (als Adverb. == unten), mit dem Genitiv, räumlich, wo? und wohin? **appakſch mehles**, unter der Zunge; **dſihws appakſch ſemmes newarr lihſt**, lebendig kann man nicht unter die Erde (ins Grab) kriechen;
in übertragener Bedeutung: **appakſch tahda kunga gruhti dſihwoht**, unter einem solchen Herrn ist schwer zu leben.

Der Accusativ (in räumlicher Beziehung) ist nicht so beliebt und so classisch als der Genitiv; **gull appakſch galdu**, er liegt unter dem Tisch; **leez appakſch benki**, leg (es) unter die Bank.

Der ächte Lette braucht statt der Präposition gern das Substantiv: **ſemmes appakſchā**, im Schooß der Erde; oder Zusammensetzungen mit **pa**: **pagultā**, in dem Raum unter dem Bett.

§ 235. *****ſtarp**, zwischen, räumlich: **ſtarp tehwa un mahtes ſehdeht**, zwischen Vater und Mutter sitzen.

Ebenso gut mit dem Accusativ: **winsch paschā starpā starp ihtschki un ohtru pirkstu eegreesees**, er hat sich gerade zwischen dem Daumen und dem Zeigefinger eingeschnitten.

u n t e r : **starp seewahm**, unter den Weibern; **starp awihm**, unter den Schafen.

Gern wird statt der Präposition das Substantiv gebraucht: **kalnu starpā**, zwischen den Bergen; **muhsu starpā**, zwischen uns; **nedehlas starpā**, innerhalb einer Woche.

§ 236. *sem, u n t e r (in Livland und im Hochlettischen), räumlich, wo? mit dem Genitiv: **sem egles**, unter der Tanne; wohin? mit dem Accusativ: **mett' sem galdu**, wirf (es) unter den Tisch.

§ 237. us (in Zusammensetzungen immer und auch sonst oft uhs), a u f , n a c h ,

räumlich: wo? mit dem Accusativ und auch mit dem Genitiv: **us galdu** und **galda**, auf dem Tisch; **us kapsehtu** und **kapsehtas**, auf dem Kirchhof;

wohinauf? wohin? mit dem Accusativ: **us galdu likt**, auf den Tisch legen; **us kohku kahpt**, auf den Baum steigen; **us Jelgawu braukt**, nach Mitau fahren; **us lauku eet**, aufs Feld gehen;

zeitlich, zur Angabe einer Richtung in der Zeitbestimmung: **us swehtkeem**, vor dem Fest, aufs Fest; **us swezzeem pa diwi nedehlahm**, zwei Wochen vor Lichtmeß;

in übertragener Bedeutung, zur Bezeichnung einer Neigung, einer Geistesrichtung: **winsch irr us kauschanahs**, er ist händelsüchtig (geht aus auf Prügelei).

§ 238. wirs, ü b e r , a u f , räumlich, wo? mit dem Genitiv: **wirs semmes**, auf der Erde; **wirs akmina**, auf dem Stein; wohin? mit dem Accusativ: **zehrt rohku wirs rohku**, schlage Hand in Hand!

Oft tritt statt der Präposition das Substantiv ein: **semmes wirsū**, auf der Erde; **uhdens wirsū**, auf dem Wasser.

5. Präpositionen mit dem Accusativ und Dativ.

§ 239. lihds, bis (als Adverb. = zugleich),

räumlich: **lihds Rihgai** und **Rihgu**, bis Riga;

zeitlich: **lihds zittam ruddenim**, oder **lihds zittu ruddeni**, bis zum anderen Herbst; **lihds schim laikam**, bis zu dieser Zeit; **lihds scho baltu deenu**, bis zum heutigen (wörtl. weißen) Tage; **lihds gallam**, bis zum Ende.

Das Adverb. **lihdſ**, zugleich mit, tritt dem Dativ nach: **tehwam lihdſ aiſbrauza**, er iſt zugleich mit dem Vater weggefahren; **nahz man lihdſ**, komm mit mir.

§ 240. **pa**, durch, auf, zu, unter, während, über, gemäß,

1) mit dem Accuſativ,

zur Bezeichnung der Bewegung an einem Ort umher: **pa tirgu ſtaigaht**, auf dem Markt umhergehen; **eij pa wiſſu paſauli**, geh durch die ganze Welt! **pa zellu braukt**, auf der Landſtraße fahren;

auf die Frage wohin? **pa lohgu ſkattitees**, durch das Fenſter ſchauen; **pa durwihm iſeet**, durch die Thür hinausgehen; **pa labbu, kreiſu rohku**, zur rechten, linken Hand;

räumlich, unter: **pa kahjahm**, unter den Füßen;

zeitlich, während: **pa meegu runnaht**, im Schlafe reden; **pa ſwehtdeenu nebuhs ſtrahdaht**, am Sonntag darf man nicht arbeiten; **diwreiſ' pa gaddu**, zweimal im Jahr;

zeitlich, nach: ſchodeen **pa nedehlu, pa gaddu**, heute über eine Woche, über ein Jahr;

diſtributiv (wie **par**): **pa wehrdinu**, zu je einem Ferding; **pa weenu**, einzeln;

in einigen adverbialen Ausdrücken: **pa-teeſi**, in Wahrheit; **pa-reiſi**, in der Ordnung, recht; **pa-welti**, zum Geſchenk, umſonſt;

2) mit dem Dativ, in gewiſſen adverbialen Redensarten: **pa gohdam**, dem Anſtande gemäß, ehrenhaft; **pa prahtam**, nach Sinn; **pa kahrtam**, der Ordnung gemäß; **pa latwiſki**, lettiſch, „auf lettiſch"; **pa wiſſam**, gänzlich; **pa pilnam**, vollſtändig;

räumlich, wo? wohin? **pa gallam**, zu Ende;

zeitlich, während? **pa tam ſtarpam, pa tam**, unterdeſſen, inzwiſchen, mittlerweile; **pa tam brihdim**, während dieſer Zeit; **pa laikam**, mit der Zeit;

diſtributiv: **pa graſſim**, zu je einem Groſchen; **pa gabbalam**, ſtückweiſe.

---

§ 241. Sehr gern verſtärken ſich die Präpoſitionen durch Hinzufügung eines wurzel- oder ſinnverwandten Adverbs: **ap ſemmes lohdi apkahrt**, um die Erdkugel herum; **cekſch iſtabas cekſchâ**, in der Stube drin; **gar durwihm garram**, längs der Thür vorbei; **no kahjahm nohſt**, von den Füßen weg; **par jumtu pahri**, über das Dach hinüber; **pee pilſahta klaht**, nahe bei der Stadt; **zaur dehli zauri**, durch das Brett hindurch; **lihdſ ar**

brahli, zugleich mit dem Bruder; (aifgahja prohjam, er ging fort; atnahza atpakkal, er kam zurück; ifdfiht ahrà, hinaustreiben; fafchdahs kohpâ, sie setzten sich zusammen).

VII. Zahlwort.

§ 242. Alle **Grundzahlen** sind **Adjectiva** oder lassen sich doch adjectivisch gebrauchen, wenn sie auch ursprünglich Substantiva sind. Letztere erscheinen aber dann ohne Declinationsendungen: **defmit(s)**, (10), **fimt(s)**, (100), **tuhkftohfch**, (1000) und alle deren Zusammensetzungen (11—19, 20, 30 u. s. w., 200, 300 u. s. w.).

Die adjectivischen oder adjectivisch gebrauchten Zahlen stehen in der Regel dem Gezählten **voran** und richten sich, wenn sie decliniert werden, nach Casus und Geschlecht des Hauptworts (§ 162. Anmerk.): **defmit(s) wihri**, zehn Männer; **tuhkftohfch faldati**, tausend Soldaten; **schihds fapirzis tschetrus wehrschus, dewinas gohwis un diwdefmit un peezas aitas**, oder **tschetr(i) wehrschus, dewin(i) gohwis un diwidefmit un peez(i) aitas**, der Jude hat zusammengekauft vier Ochsen, neun Kühe und fünfundzwanzig Schafe.

Bei zusammengesetzten Zahlen richtet sich die Construction nach dem letzten Gliede: **trihsdefmit un weens wihrs**, einunddreißig Männer.

§ 243. Die ursprünglich substantivischen Zahlen (**defmits, fimts, tuhkftohts**), können das Gezählte im Genitiv hinter sich haben, erscheinen aber selbst meist ungebeugt: **defmits naglu**, zehn Nägel; **ar trihs fimts faldatu**, mit dreihundert Soldaten. Beugungen finden sich, wo die Deutlichkeit es fordert, namentlich bei Beziehung auf ein vorher erwähntes Substantiv: **zik faldateem tur ruhmes? peezdefmiteem gan nebuhs**, für wieviele Soldaten wird dort Raum sein? für funfzig wird wohl nicht sein; **zik tew rubbulu? ar fimtu, ar diwifimteem, ar tuhkftoti mums buhtu deewsgan**, wieviel Rubel hast du? mit 100, 200, 1000 würden wir genug haben.

§ 244. Das Adverb. **lihdf** der Zahl und dem Gezählten nachgesetzt entspricht dem deutschen gerade: **defmits lihdf**, gerade zehn; **wehschu diwi kahli lihdf**, an Krebsen gerade zwei Band (d. i. 60 Stück).

Vor der Zahl oft als Adverb, oft als Präposition heißt **lihdf** bis oder höchstens: **lihdf defmits firgi labbibâ bijufchi**, bis zehn Pferde sind im Getreide gewesen; **winfch iffehj lihdf kahdeem peezi puhreem kweefchu**, er sät bis etwa fünf Los Weizen aus.

§ 245. Ueber den Gebrauch von **weens**, ein, fem. **weena**, merke man:

1) **weens** ist das einzige Grundzahlwort, das stets und überall gebeugt werden muß;

2) die definite Form **weenajs**, fem. **weenā**, dient als Ordnungszahl im Gegensatz zu **ohtrs** (**ohtrajs**), der andere, und hinter Zehnern und Hunderten: **tas weenajs aisgahja, tas ohtrajs palikka**, der eine gieng weg, der andere blieb; **diwidesmit un pirmajs** oder **un weenajs**, der einundzwanzigste; simt weenajs, der hundert und erste;

3) der Plural steht regelmäßig bei den Hauptwörtern, die nur im Plural vorkommen (Pluralia tantum): **weeni ratti**, ein Wagen; **weenas bikfas**, ein Paar Hosen;

Anmerk. In eben diesem Fall werden die definiten Formen der Grundzahlen 2—5 gebraucht: **diwejōs rattōs**, in zwei Wagen; **treijas jaunas bikfas pee skrohdera**, drei Paar neue Hosen sind beim Schneider.

4) oft heißt **weens** allein und hat dann gern **pats**, selbst, bei sich: **weens pats tur biju**, ich war ganz allein dort. Das Adverb. heißt nur: **ar labbu ween**, nur mit Gutem; **ne ween** — **bet arri**, nicht allein (bloß) — sondern auch;

5) auch als unbestimmter Artikel hat **weens** sich eingebürgert (§ 175. Anmerk. 2.);

6) bei Ausrufen der Verwunderung ist **weens** unübersetzbar: **ak tu weens faglis!** Ach, was Du für ein Dieb bist!

§ 246. Der Eine, — der Andere (von zweien) heißt: **weens**, — **ohtrs**, oder: (tas) **weenajs**, — (tas) **ohtrajs**; Einer, — ein Anderer (also von mehr als zweien) heißt: **zits**, — **zits**. Mit Beobachtung dieses Unterschiedes drückt der Lette auch einander aus: **waj gribbeet weens ohtru nemtees**? wollt Ihr einander nehmen? (Trauformular.) **Schihs pasaules zilweki zits zittu peewill**, dieser Welt Menschen betrügen einander. Gern giebt der Lette einander durch Wiederholung eines Substantivs: **draugs draugu neatstahj**, Freunde verlassen einander nicht; **waj akls aklam zellu warr rahdiht**? können Blinde einander den Weg weisen?

§ 247. Den substantivischen Sammelzahlen folgt das Gezählte im Genitiv: **duzzis schkihwju**, ein Dutzend Teller; **jehgeri noschahwa pussimtu sakku**, die Jäger erschossen ein halbes Hundert Hasen.

§ 248. Die adjectivische Sammelzahl **abbi**, beide, (§ 79.) verbindet sich gern mit **diwi**: **abbi diwi**, um das deutsche alle beide auszudrücken; vor die höheren Cardinalzahlen setzt man wiśśi um Sammelzahlen zu gewinnen: **wiśśi trihs brahļi**, alle drei Brüder.

Anmerk. Ueber die collectivische Zahl- und Quantitäts-adverbia wie: **zik**, wie viel; **tik**, so viel; **daudź**, viel; **maf**, wenig, u. s. w. mit dem Genitiv, vergl. § 195. Anmerk.

§ 249. Die Vertheilungszahlen umschreibt der Lette mittelst der Präposition **pa**: **pa weenam** oder **pa weenu**, zu je einem; **pa diweem**, zu zweien; **pa trim**, zu dreien, u. s. w. **pa desmit**, zu zehn; **pa simtu**, zu hundert; **pa duzzi**, zu je einem Dutzend; **pa gabbalam**, stückweise; **pa pahreem**, paarweise.

§ 250. Brüche, die mehr oder weniger als die Hälfte einer ganzen Zahl bezeichnen, sind den bei weitem meisten Letten etwas Ungewohntes. Gemischte Zahlen, die aus Ganzen und der Hälfte eines Einers bestehen, drückt der Lette genau wie der Deutsche aus durch den Genitiv der Ordinalzahl (des Einers) mit **puffe**, Hälfte: **puff-ohtra**, anderthalb; **puf-trescha**, dritthalb; **puf-zetturta**, vierthalb; **diwidesmit puf-peekta**, fünfundzwanzigstehalb; **puf-sesta tuhkstoscha**, sechstehalbtausend (wo die Tausende als das Gezählte gelten).

Das Gezählte steht hier stets im Genitiv, wenn sonst auch der Nominativ sich erwarten ließe: **tur irr puf-septita rubbuļa**, dort sind siebentehalb Rubel; **wehl paliffa puf-peektas afs**, noch blieben fünftehalb Faden (Holz) nach. Fordert das Satzgefüge den Dativ, so muß das Gezählte in diesem Casus stehen und die Ordinalzahl nimmt merkwürdiger Weise dieselbe Form an: **us puff-astotahm puhraweetahm**, auf achtehalb Lofstellen.

§ 251. Andere Brüche, deren Zähler eins ist, drückt der Lette (wie oft auch der Deutsche) durch den Nenner allein in Ordinalform mit **daļļa** aus: **treschā daļļa**, der dritte Theil ($\frac{1}{3}$), **zetturtā daļļa**, der vierte Theil ($\frac{1}{4}$).

Bei höheren Zählern Ausdrücke zu bilden, wie **diwi tresch-daļļas** oder **tresch-daļļi** ($\frac{2}{3}$), ist neuere Erfindung in Folge des Schulbedürfnisses.

§ 252. Die Benennung des Maßes, Gewichtes, Geldes ohne das Gemessene, Gewogene und ohne den Stoff des Geldes steht bei der Cardinalzahl mit oder ohne Beugung: **diwi puhr'** oder **diwi puhri**, zwei Lof; **tschetri birkaw'** oder **tschetri birkawas**, vier Schiffpfund; **desmit rubbuļ'** oder **desmit rubbuļi**, zehn Rubel. Ist das Gemessene u. s. w. mitgenannt, so steht es im Genitiv nach, daß Maß u. s. w. aber in der kürzesten Form voran: **peezi ohleft' wadmalas**, fünf Ellen Tuch; **dewini rubbuļ' naudas** oder **papihra** oder **sudraba**, neun Rubel Geld oder Papier oder Silber; **peezi marzin' sweesta**, fünf Pfund Butter.

§ 253. Die Zeitbestimmungen nach der Uhr sind wesentlich aus dem Deutschen übertragen: **zik** (irr) **pulkſten(i)s?** wie viel iſt die Uhr? Antw. **pulkſten(i)s** (irr) **weens', peez',** die Uhr iſt eins, fünf; **zikkōs?** um wie viel Uhr? Antw. **pulkſten' weenā, desmitōs,** um ein, um zehn Uhr. Die halben Stunden giebt das Subſtantiv **puſ-zele** (Halb-weg) an: **puſzel' trihs,** halb drei (Uhr); **puſzelē trihs, puſzel' trijōs,** um halb drei (Uhr). „Ein Viertel" und „drei Viertel auf" giebt **peerendel** und **trihs peerendel uſ** an: **peerendel uſ weenu,** ein Viertel auf ein Uhr; **trihs peerendel uſ ſeſcheem,** drei Viertel auf ſechs-(Uhr).

§ 254. Bei Datumangaben ſteht Tag und Jahr mit der Ordinalzahl im Locativ, der Monatsname aber beugungslos mit **mehneſcha** (Genitiv) oder ſelbſt im Genitiv ohne **mehneſcha** vor **deenā** eingefügt, oder beugungslos mit dem Locativ **mehneſi** vor die Ordinalzahl des Tages geſtellt: **tuhkſtoſch aſtonſimt peez- deſmit un aſtotā gaddā, ſeſchpadſmitā Merz mehneſcha** (oder **Merza) deenā** oder **Merz mehneſi, ſeſchpadſmitā deenā,** 1856, den 16. März. (Vergl. § 184. Anmerk. 2.)

Der ungeſchulte Lette giebt das Datum nach Feſtzeiten und alten Heiligentagen rückwärts und vorwärts zählend an: **uſ Jur- geem pa nedehlu,** eine Woche vor Georgi; **uſ Leeldenu pa trim nedehlahm,** drei Wochen vor Oſtern; **no Martineem pa peezi nedehlahm,** fünf Wochen nach Martini.

Anmerk. Der Lette rechnet wie der Jude abweichend von deutſcher Anſchauung den Abend ſtets zum folgenden Tage: **zetturt- deenas wakkars,** Mittwoch Abend; **peekto wakkaru,** am Donnerſtag Abend.

VIII. Pronomen (Fürwort).

1. Perſonalpronomina, Poſſeſſiva, pats, ſelbſt.

§ 255. Die perſönlichen Fürwörter werden zur Angabe des Subjectes beim Verbo nur gebraucht

1) wo ein beſonderer Nachdruck auf dem Subject ruht: **es gribbu, winſch negribb,** ich will, er will nicht; **waj tu pats eeſi, waj zits kahds ees?** wirſt Du gehen oder wird ein anderer gehen?

2) wo die urſprüngliche Perſonal-Endung des Verbum verloren oder verwiſcht iſt, z. B. bei allen dritten Perſonen, bei der 2. Perſon, wo ſie mit der 3. Perſon gleichlautet (Präſ. der 2. Conjugation, und Futur. reflexiv.): **tu runna,** du redeſt, **winſch runna,** er redet; **tu ſmeeſees,** du wirſt lachen, **winſch ſmeeſees,** er wird lachen; ferner beim ganzen Singular (reſp. auch Plur.)

des Präj. Conditionalis: **es darritu**, ich würde (es) thun; endlich beim ganzen Conjunctiv (Relativ): **es effoht**, ich sei, **mehs effoht**, wir seien.

Das Subjectspronomen bleibt beim Verbum gern weg, wenn es sich aus dem Zusammenhang der Rede leicht errathen läßt: **luhgschu tautu dehlinu, laj par mannim gawile**, ich werde den Geliebten (eig. den Sohn der Fremde) bitten, daß er für mich singe. (Volkslied.)

§ 256. Das deutsche es (das) als Subject bei unpersönlichen Verben drückt der Lette höchstens dann aus, wenn eine hinweisende (demonstrative) Beziehung darin liegt: **gauschi sahp**, es thut sehr weh; aber: **tas nesahp**, das thut nicht weh (§ 173.).

§ 257. Das deutsche man giebt der Lette einfach durch die 3. Person Verbi: **waj galdu klahj?** deckt man den Tisch? **tà teiz**, so sagt man; **wissu newarr tizzeht**, alles kann man nicht glauben; oder durch die 2. Person: **ja strahdasi, buhs maises**, wenn man arbeitet (eigentl. wenn du arbeitest), wirds Brod geben; oder durch das Passiv: **tas muhscham nau dsirdehts**, das hat man nie gehört (ist nie gehört worden).

§ 258. Nur drei Possessivpronomina hat der Lette: **mans**, mein, **taws**, dein, **saws**, sein, ihr (letzteres in reflexivem Sinn, wie das russ. свой). Die übrigen werden durch die Genitive der Personalpronomina (Plur.), oder der Demonstrativa (Sing. und Plur.) ersetzt: **muhsu tehws**, unser Vater; **juhsu schehlastiba**, eure Gnade; **winna sirgs**, sein Pferd; **winnu mahjas**, ihre Heimath.

Anmerk. 1. Einem folgenden Genitiv **pascha** gleicht sich die Form des Possessivs an und erscheint statt im Nominativ (namentlich masc.) im Genitiv: **manna pascha behrns**, mein eigen Kind; **tawa pascha sirgi**, deine eigenen Pferde.

Anmerk. 2. Wo der Zusammenhang die Beziehung nicht fraglich erscheinen läßt, bleibt das Possessivpronomen auch oft weg: **waj tehws mahjâs?** ist (dein) Vater zu Hause? Antw. **tehws nau mahjâs**, (mein) Vater ist nicht zu Hause; **gohda wezzakus!** ehre die (deine) Eltern!

§ 259. Der Gebrauch des reflexiven Pronomens, sei es personal (Gen. **sewis**, seiner, Dat. **sewihm**, sich, Acc. **sewi**, sich), sei es possessiv (**saws**, fem. **sawa**, sein, Pl. defin. **saweji**, die Seinigen) weicht wesentlich vom Deutschen ab und schließt sich genau an das Slavische an (vergl. russ. себя, seiner; свой, sein).

Allgem. Regel. Das reflexive Pronomen ist keineswegs ein Pronomen der dritten Person, sondern wird gleicherweise mit Bezug auf alle drei Personen gebraucht, jedoch immer nur

in dem Fall, daß es sich auf das Subject des eigenen
Satzes zurück bezieht, gleichviel ob es der Hauptsatz oder ein
Nebensatz ist, und gleichviel ob es das (grammatische) wirkliche
Subject des Satzes oder dem Sinn nach das (logische) Subject
zu der im Satz oder Satzglied ausgesprochenen Handlung ist.

Beisp. 1. Rückbeziehung auf das grammatische Subject des
Hauptsatzes: **laj ſkattahs uſ ſewi paſchu**, er mag auf sich
selbst sehen; aber: **laj ſkattamees uſ winnu**, laßt uns auf ihn
schauen; **mehs par ſewi gahdajam**, wir sorgen für uns; aber:
juhs gahdajeet par mums, ihr sorget für uns; **tu ſewihm ween
dohma dſihwoht**, du denkst für dich allein zu leben; aber: **es
tewihm ween dohmaju dſihwoht**, ich denke für dich allein zu
leben; **nemm tu ſawu daļļu, es nemſchu ſawu**, nimm du dein
Theil, ich werde meines nehmen; **Deews, dohdi man ſawu garru**,
Gott, gieb mir deinen Geist; aber: **es ilgojohs pehz tawa garra**,
ich sehne mich nach deinem Geist; **eeſim pee ſawa darba**, laßt
uns zu unsrer Arbeit gehen; aber: **neapſmeijat muhſu darbu**,
verspottet nicht unsere Arbeit; **kapehz juhs ſawu mahti nekohpjaht?**
warum pflegt ihr nicht eure Mutter? es, **tu, winſch, mehs, juhs,
winni ar teem ſawejeem**, ich mit den Meinigen, du mit den
Deinigen, er mit den Seinigen, wir mit den Unsrigen, ihr mit
den Eurigen, sie mit den Ihrigen.

Beisp. 2. Rückbeziehung des reflexiven Pronomens auf das
grammatische Subject des Nebensatzes: **es peerahdiju, ka ne=
warru maiſi ſewihm pelnitees**, ich bewies, daß ich mir nicht
Brod verdienen könne; aber: **es peerahdiju, ka dehls man maiſi
newarr doht**, ich bewies, daß mein Sohn mir das Brod nicht
geben könne; **es meitai peekohdinaju, laj ſewihm drahnu rau=
gahs**, ich schärfte dem Mädchen ein, daß sie sich ein Tuch besorgen
solle; aber: **es meitai fohliju, ka drahnu winnai dohſchu**,
ich versprach dem Mädchen, daß ich ihr ein Tuch geben würde;
winſch gribb, laj tu winnam no ſawas maiſes dohdi, er will,
daß du ihm von deinem Brote gebest.

Beisp. 3. Rückbeziehung nicht auf das grammatische Subject
des Satzes (Nominativ), sondern auf das sonst irgend wie (z. B.
im Dativ) angedeutete (logische) Subject zu der etwa z. B. mittelst
eines Debitiv, Infinitiv oder Particips u. s. w. bezeichneten
Thätigkeit: **man janemm ſaws ſirgs**, ich muß mein Pferd nehmen;
**kaut tew jel ſewis paſcha, ſawas weſſelibas, ſawa gohda buhtu
ſchehl!** wenn dir doch leid wäre um dich selbst, um deine
Gesundheit, um deine Ehre! **mums irr ſawi eeraddumi, jums
ſawi, zitteem zitti**, wir haben unsere Gewohnheiten, ihr (habt)
eure, andere (haben) andere; **tew nebuhs nepateeſu leezibu doht**

pret sawu tuwaku, du sollst nicht falsch Zeugniß reden wider deinen Nächsten; mahzi muhs sawus behruus audsinaht ecksch tawas bihschanahs, lehre uns unsere Kinder erziehen in deiner Furcht; Deews laj jums dohd meeru un palauschanohs ne us sew pascheem, ne us sawu gudribu waj spehku, bet us winna padohmu un palihgu! Gott gebe euch Frieden und Vertrauen nicht auf euch selbst und eure Klugheit und Kraft, sondern auf seinen Rath und seine Hilfe! wakkar redseju putninu lahpam sawu ligsdu, gestern sah ich ein Vöglein sein Nest flicken.

§ 260. Zweideutigkeiten vermeidet der Lette beim Gebrauch des Reflexivpronomens

1) durch Einfachheit der Satzbildung;

2) durch die Stellung des Reflexivpronomens möglichst nah hinter das Wort, worauf es sich bezieht;

3) durch den beliebten Gebrauch der Verba reflexiva (media), wo es irgend möglich ist.

§ 261. pats, selbst, fem. patti, wird gern im Nominativ mit dem Subject verbunden, auch wo wir einen andern Casus erwarten möchten: mihle sawu tuwaku, kā pats sewi (besser als das übliche: kā sewi paschu), liebe deinen Nächsten wie dich selbst.

Der Genitiv von pats beim Possessiv dient zum Ausdruck von mein u. s. w. eigen (§ 258. Anmerk. 1.). Auch sonst hat pats verstärkende, hervorhebende Bedeutung: pats pirmajs, der allererste; paschā laikā, gerade zur rechten Zeit; paschās kahsās, gerade zur Hochzeit; weens pats, ganz allein; winsch pats, er selbst; fem. winna patti (patte); tas pats, ebenderselbe, fem. tā patti.

2. Demonstrativa und Relativa.

§ 262. Die hinweisenden Fürwörter schis und winsch unterscheiden sich genau wie dieser (in der Nähe) und jener (in der weiteren Ferne). Nicht selten stehen beide im Gegensatz zu einander, wie der eine — der andere: schis lamma, winsch pretti, schis rahda sohbus, winsch krauj wirsū, der eine schimpft, der andere entgegen, dieser zeigt die Zähne, jener schlägt darauf los.

schis hat zuweilen eine verächtliche Nebenbedeutung: ko tad schis gribb runnaht? zeet kluffu! was will denn dieser da reden? schweig still!

§ 263. Das Pronomen tas heißt:

1) derjenige, in Wechselbeziehung zu kas, welcher: kas mahk, tam nahk, wer es versteht, dem es geht (Sprüchwort); to

tehws jakrahjis, to dehls ispliḣtejis, was der Vater erspart hat, hat der Sohn durchgebracht;

2) dient oft als bloßer Artikel wie das deutsche der, die, das (§ 174. ff.).

Ueber die genaue Uebereinstimmung des Pronomens als Subject mit dem Prädicat nach Geschlecht und Zahl siehe § 173.

§ 264. Im Allgemeinen dient zur Vertretung der dritten Person (er, sie) **winsch, winna,** am häufigsten, **tas** seltener: **winsch ehd,** er ißt; es **sawu meesu pasihstu, ka tā irr kahriga un kaitiga,** ich kenne meinen Leib, daß er voll Lüste und Mängel ist.

§ 265. **schahds** und **tahds**, ein solcher, verhalten sich dem Sinn nach zu einander, wie **schis** und **tas**, von **dieser Art,** — von **der Art.**

schahds tahds unmittelbar zusammengestellt heißt irgend jemand, im Plur. allerlei, oft mit einer verächtlichen Nebenbedeutung, **ko schahds tahds winnam eetcij, to winsch tizz,** was ihm irgend jemand, dieser oder jener, einredet, das glaubt er; es **schahdas tahdas sahles esmu dschris,** allerlei Arzeneien habe ich eingenommen; **schahdus tahdus neekus melsch,** allerlei dummes Zeug schwatzt man.

tahds tritt gern als Apposition zu **tas** oder zu Personalpronominen: **kas tas tahds?** wer ist der da (ein solcher)? was ist das für einer? **ko tec tahdi gribb?** was wollen die da? **kas tu tahds?** was bist du für einer? **ko es tahds tur darrischu?** was soll ich, da ich ein solcher bin, dort machen?

tahds — **tahds** oder **tahds** — **tahds** steht in Wechselbeziehung: **kahds tas darbs, tahda ta alga,** wie die Arbeit so der Lohn; **tahda warna perta, tahda neperta** (Sprüchwort), so (d. i. schwarz) ist die Krähe gebadet, so ungebadet.

Anmerk. Vor Adjectiven vertritt **tahds** regelmäßig das deutsche Adverb. so: **ta seewa tahda lepna,** das Weib ist so stolz.

§ 266. Die Relativpronomina sind:

kas, wer, welcher,

kurfch, welcher, fem. **kurra,**

kahds, was für einer, wie beschaffen, fem. **kahda,**

und auch: **katrs,** welcher von beiden (russ. который), fem. **katra.**

Alle diese werden gebraucht nicht bloß relativ (rückbezüglich), sondern auch interrogativ (in der Frage) und auch indefinit (namentlich in der Verbindung mit der Verneinungspartikel).

§ 267. kas, wer oder welcher, welche, welches, dessen Beugung in § 85. nachzusehen, wird nie adjectivisch mit einem Substantiv verbunden. So wäre es ganz unlettisch zu sagen: **kas zilwehks**

to darrijis? welcher Mensch hat das gethan? für: **kas to darrijis? wer hat das gethan?** Beispiele des relativen Gebrauchs siehe § 263.

Anmerk. Der Genitiv **kā (ko)** wird nur bei Präpositionen gebraucht. Selbst hier nicht selten, sonst aber in der Regel tritt die Dativform oder eine Umschreibung für den Genitiv ein: **pee kā (pee kam)**, bei wem; **pee ko**, wobei; **kādehl (kamdehl)**, weswegen; **kāpehz, kālab**, warum, weswegen; **kam dehls tu essi?** wessen Sohn bist du? Gott, dessen Barmherzigkeit ich mich ergebe, wird mich retten, **Deewa schehlastibai laujohs, tā manni isglahbs**.

§ 268. kursch, fem. **kurra**, drückt die Frage aus nach Einem aus einer bestimmten begränzten Anzahl, mögen es zwei oder mehrere sein: **juhs te bijaht, kurschs tas wainigajs?** ihr waret hier, welcher (von Euch) ist der Schuldige. Die Frage: **kas tas wainigajs?** würde ausdrücken, daß der Schuldige möglicherweise nicht unter den Anwesenden sei. In adjectivischem Gebrauch (wo es namentlich im Locativ und überhaupt in den Pluralformen für **kas** oft eintritt), ist die Beziehung eine allgemeinere: **kurschs zilwehks to nesinn?** welcher Mensch weiß das nicht? **tas mesch, kurrā malku zehrt, tahlu**, der Wald, in welchem man das Holz haut, ist weit; **tee kungi, pee kurrcem es pehrn deeneju**, die Herrschaft, bei der ich voriges Jahr diente; **seewas, kurru starpā kildas zehluschahs**, Weiber, zwischen denen sich Streit erhoben.

§ 269. kahds, fem. **kahda**: **mahjas esmu usnehmis, bet nesinnu, kahdas tahs gannibas**, ich habe ein Gesinde übernommen, aber ich weiß nicht, wie die Triften beschaffen sind. (Andere Beispiele siehe § 265.) Zuweilen schwindet die Rücksicht auf die Beschaffenheit: **kahds nahks?** welcher wird kommen? **kahdā meschā zehrt?** in welchem Walde wird gehölzt? Die relative und interrogative Bedeutung schwindet stets nach **ja**, wenn: **ja kahds to darbu proht**, wenn einer die Arbeit versteht; aber auch sonst: **tur bija kahds wihrinsch**, dort war ein Männchen; **atjauz man kahdu meitu!** rufe mir irgend eine Magd her! **kahdas seewas**, einige Weiber. Bei Zahlwörtern drückt **kahds** das Ungefähr aus: **ar kahdeem peeztuhkstosch saldateem**, mit etwa 5000 Soldaten; **kahds schaks**, etwa ein Schock.

§ 270. katrs, fem. **katra**, zuweilen noch heute auch im Unterlande als Fragepronomen: **katrās mahjās biji?** in welchem von beiden Gesinden warst du? **pa katru zellu brauksim?** auf welchem von beiden Wegen sollen wir fahren? Meist heißt **katrs** jeder: **katrs sinn**, jeder weiß; **winsch katrā weetā derr**, er taugt an jedem Platz.

§ 271. Alle Relativa und Interrogativa verlieren ihre relative oder interrogative Bedeutung durch Verbindung mit der Verneinung oder mit andern Partikeln.

1. Mit **ne** (über die Betonung siehe § 28.): **nekas**, niemand, neutr. nichts; (**nekurſch** und) **nekahds**, keiner und Niemand; **nekatrs**, keiner und Niemand von beiden (niemals: keiner von mehr als zweien); (**neweens**, keiner und Niemand, läßt sich der Bedeutung nach mit hier auffahren). Beiſp.: **nekas tur nau**, Niemand iſt da; **nekas nelihdſ**, nichts hilft; **nekam nederr**, es nützt Niemandem; **nekahdam** (**neweenam**) **zilwekam neeſmu ļauna darrijis**, keinem Menſchen habe ich böſes gethan; **nekatrs tur nebija**, keiner von beiden war da.

Anmerk. 1. Präpoſitionen ſtellen ſich zwiſchen die Negation und das negierte Pronomen: **ne pee weena** (**kahda**), bei Niemandem; **neredſ ne ar katru azzi**, er ſieht mit keinem von beiden Augen.

Anmerk. 2. Eigenthümlich ſind die Verbindungen von **kahds nekahds** (mit ſtark betonter Negation), wie beſchaffen er auch ſei; **kahdi nekahdi tur ſaſkrehja**, allerlei Volk lief dort zuſammen; **kas nekas**, irgend wer; **kur nekur**, irgend wo, wo es auch ſei; gleichviel wohin.

Anmerk. 3. Ueber **beſ** mit negativem Pronomen ſiehe § 221.

§ 272. 2. Mit **kā** (wie), verbindet ſich gern **kurſch** und **kahds**: **kā muhſu ſaimneekeem rudſi iſdewuſchees?** **kā kurram**, wie iſt unſeren Wirthen der Roggen gerathen? Antw.: verſchieden (wörtl. wie Einem. d. h. dem Einen beſſer, dem Anderen ſchlechter); **kā kahdu reiſ'(u)**, „wie manches Mal", d. h. das eine Mal ſo, das andere Mal anders.

3. Die Verbindung von **kas**, **kurſch** und **kahds** mit **kaut** und **jeb** ſiehe § 85; **ik-katrs** iſt ein verſtärktes **katrs**, jeder, ſei es von zweien oder von vielen.

§ 273. **zits** (fem. **zitta**), ein anderer (von vielen), im Unterſchiede von **ohtrs**, der andere (von zweien), (§ 246.): **nekaitini zittu**, necke nicht einen andern; **es beidſu, kad zitti eeſahk**, ich endige, wenn andere anfangen. **zits — zits** (in Wechſelbeziehung), einer — ein anderer, — ein dritter u. ſ. w.: **zits dſenn, zits tekk, zits rauj, Deews ſinn, kas tur warr buht!** einer treibt, ein anderer läuft, ein dritter reißt, Gott weiß, was dort ſein mag! Dagegen: **weens iſmukka, ohtrs palikka eekſchā**, der eine entrann, der andere blieb drin. Im Plur. **zitti — zitti**, einige — andere: **zitti ſakka, ka tā ſwaigſne uſ karru eſſoht, zitti ſmeijahs**, einige ſagen, daß der Stern auf Krieg deute, andere lachen (darüber).

Wie der Lette einander ausdrückt, ſiehe § 246.

Zuweilen heißt zits mancher, mancher andere, z. B. zits jakka, ka jalds peens eshoht jadserr, mancher behauptet, daß süße Milch (in solchem Fall) getrunken werden müsse.

Die anderweitige Beschaffenheit drückt zittahds aus: zittada semme, zittadi laudis, ein anders beschaffenes Land, anders beschaffene Menschen (ländlich, sittlich); nebuhs Kahrlis, zittahds isleekahs, Karl wird es nicht sein, er sieht anders aus.

IX. Die Arten des Verbum.

1. Activum.

§ 274. Das active Verbum (§ 108.) ist abgesehen vom reflexiven (rückbezüglichen) Medium entweder

1) **intransitiv** (subjectiv, neutral), d. h. ohne Gegenstand, auf den sich die Handlung bezöge, z. B. **gihbt, ohnmächtig werden; puht, faulen;** oder

2) **transitiv** (objectiv), d. h. einwirkend auf einen Gegenstand außerhalb des handelnden Subjectes, z. B. **kauju, ich schlage, wen? auschu, ich webe, was?**

2. Medium.

§ 275. Die Handlung, die mittelst Medialform ausgedrückt ist, bezieht sich auf das handelnde Subject zurück

1) entweder so, daß das Subject zugleich das Object des Verbums ist und die Reflexiv-Endung –s den Accusativ vertritt: **masgajohs, ich wasche mich; zellohs, ich erhebe mich, stehe auf (directes Medium);**

Anmerk. Dieses Medium vertritt zuweilen das Passiv: **darbs beigsees,** die Arbeit wird sich endigen, d. h. wird geendigt werden; **nauda ahtraki ispohdahs, ne kā nopelnahs,** Geld giebt sich schneller aus, als es sich verdient, d. h. wird schneller ausgegeben als verdient (erworben).

2) oder so, daß das Subject nur mittelbar von der Handlung berührt wird und die Reflexiv-Endung den Dativ (des Vortheils, § 206.) vertritt: **wehlejohs weffelibas,** ich wünsche mir Gesundheit; **gahdajohs maises,** ich besorge mir Brod; **apaunohs sekkes,** ich ziehe mir Strümpfe an (**indirectes Medium**);

Anmerk. Dieses Medium ist selbst ein Transitivum und regiert einen Accusativ.

3) oder so, daß die Thätigkeit auf ein anderes Subject sich richtet und sodann von diesem auf das erste zurückkommt, die Handlung also eine wechselseitige ist zwischen zwei Subjecten:

kauteeß, einander schlagen; sabeedroteeß, sich mit einander verbinden; salihdsinateeß, sich mit einander versöhnen (reciprokes Medium);

4) endlich hat das Verbum oft nur die Form des Mediums und gar nicht eine reflexive Bedeutung: bihteeß, sich fürchten; rimteeß, ruhig werden; blauteeß, schreien; smeeteeß, lachen; brihniteeß, sich wundern; klausiteeß, horchen (subjectives Medium).
Anmerk. Bemerkenswerth ist's, daß der Lette die Verba likt und laut neben medialen Infinitiven stets auch in Medialform setzt: winsch likkahß nokauteeß, er ließ sich tödten; nelaujeeß pluhkteeß! laß dich nicht raufen!

3. Passivum.

§ 276. Der Lette liebt die passivische Redeweise weniger als der Deutsche und braucht dafür gern das Medium (§ 275, 1. Anmerk.) oder das Activ: ich werde verleumdet, **mannu apmello** (man verleumdet mich); wird der Tisch gedeckt? **waj galdu klahj?** (deckt man den Tisch?); horch, es wird an die Thür geklopft! **klau, pee durwihm klaudsina!** (man klopft u. s. w.); er wird allgemein geachtet und geliebt, **wiffi laudis winnu gohda un mihle** (alle Menschen ehren und lieben ihn).

§ 277. Von allen vorhandenen Passivformen sind die Debitive und die Participia Passivi die beliebtesten.

Die Debitive bilden sich nicht bloß von transitiven, sondern auch von intransitiven Activis und von Mediis, wo man Passivformen gar nicht erwarten sollte: **jamirst**, es muß gestorben werden, d. h. man muß sterben; **jadsihwo**, es muß gelebt werden; **jamasgajas**, es muß gewaschen werden sich, d. h. man muß sich waschen.

Ebenso giebt es Participia Passivi von Intransitivis: **nau gullehts**, es ist nicht geschlafen worden; **dsimti laudis**, (an-) geborene Leute, Leibeigene; **waj pee daktera bijaht?** Antw. tur **nau wis buhts**, seid ihr beim Doctor gewesen? dort ist man nicht gewesen; — **mirstams**, sterblich; **nesawihstams**, unverwelklich; **nahkams**, kommend; **augamas sahles**, Unkräuter, die große Fähigkeit zu wachsen haben.

§ 278. Die eigentlich thätige Person (das logische Subject) steht beim Debitiv im Dativ: **man jaraksta**, ich muß schreiben, eigentl. von mir muß geschrieben werden.
Anmerk. Da der Lette keinen Debitiv Activi hat, so muß er jeden debitiven Satz, falls er ihn nicht durch **waijaga** umschreibt, passivisch wenden: der Vater muß einen Brief (Acc.) schreiben, **tehwam jaraksta grahmata** (Nom.).

4. Verba impersonalia.

§ 279. Aechte Impersonalia, d. h. wirklich subjectlose Verba, bei denen ein Subjectsnominativ nicht oder nur ausnahmsweise sich findet, sind: die passiven Debitive von intransitiven und medialen Verben, z. B. **jaeet**, es muß gegangen werden (§ 277.). Ferner: **auſt**, es tagt, (**auſa, auſt**); **milſt**, es wird finster, (**milſa, milſt**); **lihſt**, es regnet, (**lija, liht**); **ſneeg**, es schneit, (**ſnigga, ſnigt**); (man) **ſalſt**, (mich) friert, (**ſalla, ſalt**); (man) **ſlahpſt**, (mich) durstet, (**ſlahpa, ſlahpſt**); (man) **kaiſt**, (mich) brennts, (**kaiſa, kaiſt**); (man) **neeſ**, (mich) juckts, (**neeſa, neeſt**); (man) **ſahp**, (mir) thuts weh, (**ſahpeja, ſahpeht**); (man **labbi, ſlikti**) **klahjahs**, es fügt sich, deckt sich, „es geht" (mir gut, schlecht).

Anmerk. In einzelnen Fällen kommen Subjects-Nominative vor, wie: **leetus lihſt**, Regen regnet; **kahja ſalſt**, der Fuß friert; **muggura neeſ**, der Rücken juckt; **ſohbi ſahp**, die Zähne schmerzen.

§ 280. Viele andere Verba kommen der Natur ihrer Bedeutung nach meist oder ausschließlich in der 3. Perſ. vor, entbehren aber eines Subjectes durchaus nicht, sei dieses nun ein Nominativ oder ein Genitiv partitivus (Theilungs-Genitiv) oder ein Infinitiv oder ein Satz mit **ka**. Beisp.: **man ruhp ſlimmajs behrns**, das kranke Kind macht mir Sorge; **brandwihns man reebj**, Branntwein ekelt mich an; **kas tew kait (kaiſch)**? was fehlt dir, macht dich heiß? **nekas** oder **neneeka nekaiſch**, nichts fehlt mir; **man waijaga maiſes**, ich habe Brod nöthig, mir fehlt Brod; **naudas truhkſt**, Geld mangelt; **man gribbahs ehſt**, es will sich mir d. h. ich will essen; **man ſchkeet** (neben es **ſchkeetu**), **ka buhs ſilta waſſara**, es scheint mir, daß es einen warmen Sommer geben wird; **tew peeklahjahs klauſiht**, es schickt sich für dich zu gehorchen; **man irr muiſcha**, mir ist d. h. ich habe ein Landgut; **tew irr bail(e)**, du hast Angst; **man irr ſchehl**, mir ist leid; **winnam bija draugs, walkas**, er hatte einen Freund, Zeit; **man bija rakſtiht**, ich hätte schreiben müssen.

X. Gebrauch der Tempora.

1. Präsens.

§ 281. Das Präsens bezeichnet ebensowohl die Dauer der Handlung als das Eintreten derselben: **egle kriht**, die Tanne stürzt; **winſch manni mihl**, er liebt mich; **ſahle aug**, das Gras wächst; **es ſinnu**, ich weiß.

Daher dient das Präsens in allgemein giltigen Behauptungen, Sprüchwörtern, Räthseln u. dergl. **Deews walda**, Gott regiert;

gohds cet pa zellu, negohds pa zellamallu (Sprüchwort), Ehre geht auf dem Wege, Unehre am Wegrande; putns skreen, spahrni pill (Räthsel), ein Vogel fliegt, die Flügel triefen (d. i. die Wolke).

§ 282. Das Präsens des Verbi buht läßt der Lette sehr gern weg, wo der Deutsche es zu setzen pflegt: Gott ist im Himmel, Deews debbesīs; wo ist mein Rock? kur manni swahrki? man jaraksta (daneben auch: man irr jaraksta), es muß von mir geschrieben werden; tu essoht slims, du — ein krank seiender, d. h. du seist krank (sagt man); juhs arri tur bijuschi un nekā nedabujuschi, ihr seid auch dort gewesen und habt nichts bekommen.

2. Präteritum.

§ 283. Das lettische Präteritum

1) ist das Tempus der Erzählung: bija weenreis wezzōs laikōs kehninsch, es war einmal in alten Zeiten ein König; diwi deenas brauzu, kamehr nonahzu, zelsch bija labs, zwei Tage fuhr ich, bis ich hinkam, der Weg war gut;

2) dient insbesondere in der Beschreibung, Schilderung vergangener Dinge und solcher Handlungen, die mit anderen gleichzeitig sind: mehs kohpā runnadami staigajahm, wir wandelten mit einander uns unterhaltend;

3) vertritt, insbesondere bei zusammengesetzten Verben, selbst das Perfectum und Plusquamperfectum: atraddu, ich habe (es) gefunden; es atnahzu juhs luhgt, ich bin hergekommen euch zu bitten; waj nogahja? ist er weggegangen? weens gans nomirra, zitti ganni raudaja, ein Hirt war gestorben, die andern Hirten weinten (um ihn).

§ 284. Mittelst der Präterita Indicativi der Verba oder Verbalformen, die ein Sollen und Müssen bedeuten, giebt der Lette an, was hätte geschehen sollen oder müssen, aber nicht geschehen ist: man waijadseja kluffu zeest oder man bija kluffujazeesch, ich hätte stillschweigend ertragen (dulden) müssen; man bija japeeluhdsahs, ich hätte abbitten müssen.

3. Futurum.

§ 285. Das Futurum vertritt außer der Zukunft der dauernden oder erst eintretenden Handlung (waldischu, ich werde herrschen, und auch: ich werde zur Herrschaft kommen) zuweilen:

1) auch das Futur exactum: kad pahrees diwi gaddi, tad es nahkschu mahjās, wenn zwei Jahr werden verflossen sein, dann werde ich nach Hause kommen;

2) drückt das Futur in zweifelnden Fragen das Sollen aus: **ko sazzischu, ko darrischu?** was soll ich sagen, was soll ich thun? **waj tu nebuhsi ehdis, nehmis?** solltest du nicht gegessen, genommen haben?

3) ist das Futur in der 1. Pers. Plur. und in der 2. Pers. Sing. (letzteres in der Frage) beliebt als Aufforderung: **eesim!** laßt uns gehen! **brauksim!** wollen wir fahren! **waj eesi, waj neeesi?** wirst du gehen oder wirst du nicht gehen, d. h. wirst du wohl gehen! vergl. den imperativischen Debitiv: **tew nebuhs sagt,** du sollst nicht stehlen!

Anmerk. Bedeutung und Gebrauch der Tempora der (in Bezug auf die Gegenwart oder schon in der Vergangenheit oder erst in der Zukunft) vollendeten Handlung: Perfect, Plusquamperfect, Futur exact. ist abgesehen von den obigen Bemerkungen wie im Deutschen.

XI. Gebrauch der Modi.

1. Indicativ (indicativischer Debitiv).

§ 286. Der Indicativ sagt schlechthin bejahend oder verneinend oder fragend etwas aus: **Deewinsch mannihm wehl dsihwoht, ļauni ļaudis newehleja,** Gottchen gönnt mir zu leben, die bösen Menschen gönnen es (mir) nicht (Volkslied); **ko sakki?** was sagst du? **Deews jaluhdsj,** Gott muß gebeten werden.

Abweichendes siehe über das Prät. Indicativi Debitivi § 284., über das Futur der Aufforderung § 285, 3., und unten bei den Conjunctionen, nach denen fast in allen Aussage-, Zeit-, Absichts- und Bedingungssätzen in der Regel der Indicativ steht, wenn nicht aus besonderen Gründen der Conjunctiv oder Conditional erforderlich ist.

2. Conjunctiv oder Relativ (conj. Debitiv).

§ 287. Der der lettischen Sprache ganz eigenthümliche mittelst verkürzter Formen des Partic. Präs. I. und Futur Act. (-oht, -schoht, § 111. 112. 121.) umschriebene Modus Conjunctivus dient ausschließlich zur Wiedergabe (zum „Referat") fremder Meinung, fremden Urtheils, fremder Aeußerung von Seiten nur immer des Ohrenzeugen, niemals des Augenzeugen, oft in Nebensätzen mit oder ohne **ka** (daß), die scheinbar kein Verbum finitum haben, weil stets das Verbindungswort (die Copula) **buht** zwischen Subject und Prädicat fehlt, oft in scheinbar einfachen Sätzen, wo das regierende Verbum der Aussage in Gedanken ergänzt werden muß. Beisp.: **jullainis sakka, (ka)** kungi neeffoht mahjâs, bet wakkarâ nahkschoht, der Diener sagt, daß die Herrschaft nicht zu Hause sei, aber am Abend kommen werde (oder: die Herrschaft sei nicht zu Hause, aber werde am Abend kommen); **pulks saldatu nahkoht**, (man sagt), es komme ein Haufe Soldaten; (der Augenzeuge müßte sagen: **pulks saldatu nahk**); **faimneekeem rihtâ uf Jelgawu effoht jabrauz**, (man sagt), die Wirthe müßten morgen nach Mitau fahren; **waj pa scho zeltu brauz uf Eezawu? Antw. pats neefmu ftaigajis, bet eijoht gan labbi**, fährt man auf diesem Wege nach Ekau? Antw. ich bin (ihn) selbst nicht gegangen, aber er soll wohl dorthin führen.

§ 288. Da dem Conjunctiv die Tempora der Vergangenheit (Präterit. und Plusquamperfect) fehlen (§ 121.), so müssen dieselben durch Präsens und Perfect vertreten werden. Beisp.: der Diener brachte dem Herrn die Antwort, der Schreiber schriebe (noch) den Brief, **fullainis kungam atteiza, (ka) ffrihweris grahmatu rakstoht**, oder .... der Schreiber hätte den Brief (fertig) geschrieben, ... **ffrihweris grahmatu effoht rakftijis**.

§ 289. In fortlaufender Erzählung wird das Particip **effoht** nur zu Anfang und dann nicht mehr zu jedem Particip. Prät. gesetzt, um die Rede nicht schleppend zu machen: **behrns effoht flims palizzis, [effoht] weddufchi pee mahzitaja, mahzitajs ne [effoht] bijis mahjâs**, (man sagte), das Kind wäre krank geworden, sie hätten es zum Pastor geführt, der Pastor wäre nicht zu Hause gewesen; **uhdens eijoht par leelzettu un leelas bedres effoht israhwis, tilts noxemts, wiffas lankas tâ nopluhdufchas, laudis flihkftoht pafchâs mahjâs**, (man erzählt), das Wasser soll über die Landstraße gehen und große Löcher ausgerissen haben, die Brücke soll abgetragen, alle Bachwiesen sollen so überschwemmt sein und die Menschen in den Wohnungen selbst ertrinken.

3. Conditional (conditionaler Debitiv).

§ 290. Der Lette braucht seinen Conditional in Bedingungssätzen nur dann, wenn die Bedingung n i c h t erfüllt ist oder n i c h t erfüllt werden wird: es **raktu, kad man fpehka buhtu**, ich würde graben, wenn ich Kraft hätte (aber ich habe keine Kraft, grabe also nicht); **muhsu Anfitis buhtu jafuhta fkohlâ, ja tik mums fkohlas buhtu**, unser Hänschen müßte in die Schule geschickt werden, wenn wir nur eine Schule hätten (aber wir haben keine Schule, also . . . .).

Das Präsens Conditionalis muß das fehlende Futur ersetzen: **rihtâ feenu wahktum, kad jauks buhtu**, morgen würden wir Heu einführen, wenn es heiter wäre (dieses ist aber unwahrscheinlich, somit auch das Hineinführen).

§ 291. Ferner dient der Conditional (mit Wahrung seines Grundcharakters, § 290.) zum Ausdruck der Möglichkeit in gemilderten Behauptungen, zweifelnden Aussagen und Wünschen: **to es nesazzitu**, das möchte ich nicht sagen; **kä es to drihkstetu darriht!** wie sollte ich mich erkühnen das zu thun! **es labpraht gribbetu to Wahzscmmi redseht!** ich möchte gern Deutschland zu sehen bekommen! **kaut es buhtu weffels!** wenn ich doch gesund wäre! **kad tu isputtetu!** wenn du doch verstünden möchtest! (In all diesen Beispielen ist die Unwirklichkeit oder Unwahrscheinlichkeit des Gesagten angedeutet.)

4. Imperativ (imperativischer Debitiv).

§ 292. Der Imperativ (§ 123.) drückt nicht bloß den Befehl, sondern auch Aufforderung und Bitte aus: **dohd man, es luhdsohs,** gieb mir, ich bitte; und ersetzt zuweilen das erste Glied eines Bedingungssatzes: **eij, eij, redsesi, ko tu dabusi!** geh, geh, du wirst sehen, was du bekommen wirst, d. h. wenn du gehen wirst, so ....

Umschrieben wird der Wunsch oder die Aufforderung durch **laj** mit dem Indicativ: **laj Deewu luhdsam!** laßt uns zu Gott beten! **laj winsch eet!** er mag gehen! **laj naht!** er komme!

XII. Infinitiv und Participien.

I. Infinitiv (Supina).

§ 293. Der Infinitiv auf -t vertritt als Verbalsubstantiv verschiedene Casus, z. B. den Accusativ Objecti: **winsch maht dseedaht,** er versteht zu singen; **negribbu eet,** ich will nicht gehen; **eesahku runnaht,** ich begann zu reden; **winsch man mekle nokaut,** er sucht mich zu tödten; — oder den Dativ des Zweckes, in welchem Fall noch heute in Livland die ältere Form auf -tu (Supinum) bewahrt wird: **dohd man dsert(u)!** gieb mir zu trinken! **diwi wihrus suhtiju art(u), weenu rakt(u),** zwei Männer schickte ich um zu pflügen, einen um zu graben; **atnahzu juhs apsweizinaht,** ich bin gekommen um euch zu begrüßen; — oder den Nominativ Subjecti: **karrà eet irr bailiga leeta,** in den Krieg zu gehen ist eine gefährliche Sache; **latwiskis mahzitees nau wis weegli,** lettisch zu lernen ist nicht leicht; **waj tew wehl irr ko ehst?** hast du noch etwas zu essen? **tur nau neko bihtees,** dort ist nichts zu fürchten; **tew buhs eet,** du sollst gehen (§ 123.)!

§ 294. Ferner dient der Infinitiv zur näheren Bestimmung von Adjectiven oder Substantiven: **effect tſchaḱli dſirdeht, bet lehni runnaht un lehni duſmotees!** ſeid ſchnell zu hören, aber langſam zu reden und langſam zum Zorn! **laiḱs irr zeltees**, es ist Zeit aufzustehen; **te irr brihnumi ſkattitees**, hier sind Wunder zu schauen.

§ 295. Sehr beliebt ist der absolute Infinitiv vor der finiten Form desselben Verbums zur Hervorhebung des Begriffes: **ikdeeninas raudaht raudu**, alle Tage weine ich bitterlich; **ſohliht ſohlija, necedewa**, was das Versprechen anlangt, versprach er (wohl, aber) er gab nicht; **waj taws ſlimmajs ehſt kahro?** Antw. **ehſt gan ehd, bet wiſſu atkal iſwemj**, begehrt dein Kranker zu essen? Antw. „essen ißt" er wohl, aber er vomiert alles wieder aus.

Anmerk. In diesem Gebrauch findet sich namentlich auch noch der deminuierte Infinitiv auf -tin oder -in: **luhgtin luhdſu**, ich bitte dringend; **mahte manni rahtin rahja**, die Mutter schalt mich heftig; **duhmi azzis grauſtin grauſch**, der Rauch beißt sehr die Augen.

§ 296. Den deutschen Infinitiv nach ohne zu drückt der Lette durch die Negation mit dem Particip aus: ohne ein Wort zu sagen gieng er weg, **ne wahrda neſazzijis aizgahja**; ohne gegessen, ohne getrunken zu haben, **ne chdis, ne dſchris**; man **atnahza Jahnu deena wiſſai mannihm negaidama**, der Johannistag ist mir herangekommen, ganz ohne daß er von mir erwartet worden.

2. Participia (und Gerundia).

§ 297. Abgesehen von der Bildung der umschriebenen Verbalformen (§ 119—124.) ist der Gebrauch der lettischen Participia im Allgemeinen vierfach:

1) **attributiv** (§ 169.), als wie wenn es Adjectiva wären zur Bezeichnung einer bleibenden Eigenschaft. (Alle Participia außer Partic. Präs. Act. II. --**dams** und Futur Act. -**ſchohts**);

2) **appositiv** (§ 170.), in Vertretung von Nebensätzen mit Conjunctionen der Zeit, der Ursache, des Zugeständnisses oder der Bedingung. (Alle Participia außer Partic. Fut. Act. -**ſchohts**);

3) **absolut**, mit einem absoluten Dativ in Vertretung von Nebensätzen mit Conjunctionen der Zeit, Ursache, des Zugeständnisses, der Bedingung. (Particip. Präs. I. -**oht**);

4) **prädicativ** (§ 167.), d. h. als Theil des von etwas Anderem Ausgesagten zur Ergänzung eines Verbums. (Alle Participia außer Partic. Präs. Act. II. -**dams**).

Die Beispiele siehe in Folgenden.

§ 298. Das Particip Präs. Act. I. (-ohts, fem. -oti) dient gern:

1. attributiv, jedoch nur von intransitiven Verben: **tekkohts uhdens**, fließendes Wasser; **seedoscha pukke**, eine blühende Blume; **deggoscha ohgle**, eine glühende Kohle; auch in der definiten Form: **nahkoschajs gads**, das künftige Jahr; **tee augoschee stahdi**, die wachsenden Pflanzen.

§ 299. 2. appositiv und zwar in der gebeugten Form, wenn es nicht dem Subject des Satzes apponiert (beigefügt) ist: **skreijoschu putnu nenoschausi**, einen Vogel, indem er fliegt, wirst du nicht herunterschießen; ohne Declinations-Endung (-oht, Gerundium), wo es zum Subject des Satzes gehört: **deijoht kahju lausa**, tanzend (indem er tanzte) brach er ein Bein; **dsihwojoht un mirstoht laj turramees pec Jesu**, lebend und sterbend wollen wir uns zu Jesu halten; **ko winna brauzoht atraddusi?** was hat sie, indem sie fuhr, gefunden?

Anmerk. Scheinbar zu Adverbien, nunmehr ohne alle Zeitbeziehung, sind geworden die bereits fast ganz unkenntlichen Formen des Partic. Präs. I. auf -u und des Partic. Fut. Act. auf -schu oder -schus: **sehdu**, sitzend(s); **stahwu**, stehend(s); **rahpu**, kriechend(s); **gullu**, liegend(s); **krahpschu(s)**, betrügerisch, mit Betrug, eig. betrügend; **pamihschu(s)**, tauschweise, mit Tausch, eig. tauschend; **braukschus**, fahrend(s); **steigschus**, eilends. Bemerke die beliebte Verbindung: **luhgschus luhdsa**, er bat dringend; **behgschus behdsa**, er floh eilig.

§ 300. 3. absolut in beugungsloser Form (-oht, Gerundium), mit dem Dativ Subjecti, das dann eigentlich das Subject eines Nebensatzes, und zwar immer ein anderes, als das des Hauptsatzes ist (vergl. die Ablativi absoluti im Lateinischen): **deeninai austoht** oder **saulei lezzoht mums jazekkahs**, wenn der Tag anbricht (oder anbrechen wird) oder: wenn die Sonne aufgeht (aufgehen wird), müssen wir aufstehen; **man runnajoht mahtei affaras birra**, während ich sprach, rannen der Mutter die Thränen. Zuweilen ist der Dativ Subjecti aus dem Zusammenhang zu ergänzen: **ihsi sakkoht**, kurz zu reden (damit ich mich kurz fasse); **wahrdu sakkoht**, um es mit einem Worte zu sagen; **beidsoht**, endigend, endlich, schließlich, ist geradezu Adverb geworden; **meeschus plaujoht usnahza pehrkons**, während wir (resp. sie) Gerste mähten (oder man mähte), zog ein Gewitter auf.

§ 301. 4. prädicativ, nach Verben der Wahrnehmung, der Aussage u. s. w., beugungslos, jedoch in Kurland minder beliebt, als das Gerundium (Partic. Präs. Pass.) auf -am (§ 309.): **es winnu redseju jahjoht**, ich sah ihn reiten; **es tohs turpat** atstahju kaujotees, ich ließ sie eben dort sich prügelnd; **wissi laudis tewi teiz bes Deewa dsihwojoht**, alle Menschen sagen, daß du ohne Gott lebest.

Ueber die Umschreibung des Conjunctiv (Relativ) durch dieses Particip auf -oht(s) siehe § 287.

§ 302. Das Particip Präs. II. (-dams, fem. -dama) wird nur als Apposition und zwar nur in Bezug auf das Subject des Satzes gebraucht, kommt also nur im Nominativ beider Geschlechter und Numeri vor und vertritt einen Nebensatz (Zeit, Ursache u. s. w.): **wehrsis maurodams skrehja winnam wirsû**, der Ochse lief brüllend (indem er brüllte) auf ihn los; **to tu jauns buhdams neessi mahzijees, to tu wihrs buhdams nesinnasi**, was du, solange du jung bist, nicht gelernt hast, das wirst du, wenn du ein Mann sein wirst, nicht wissen; **to tu behrns buhdams padarrisi?** was wirst du ausrichten, da du ein Kind bist.

Anmerk. Ganz unlettisch und daher stets zu vermeiden ist der attributive Gebrauch, wie er sich in Schrift und Druck leider nicht selten findet bei denen, die ächtes Lettisch nicht verstehen: **taws tewi mihledams tehws**, dein dich liebender Vater; **Jesus swehtidamas rohkas**, Jesu segnende Hände.

§ 303. Eigenthümlich steht das Partic. Präs. Act. II. mit dem Adverb **kà, kur**, dem Pronomen **kas** u. s. w. in Sätzen des Zugeständnisses hinter **laj** oder dem Imperativ: **laj strahda kà strahdadams, to newarr pabeigt**, er mag arbeiten, wie er wolle (wie auch arbeitend), das kann er nicht beendigen; **laj sargahs, kà sargadamees, tur newarr issargatees**, man hüte sich, wie man wolle, dort kann man sich nicht aushüten; **laj eet, kur eedams**, man mag gehen, wohin man wolle; **laj buhtu, kas buhdams**, es mag sein, wer es wolle; **dohd, mahmina, kur dohdama, ais Wentinas nedohdi!** gieb (mich), Mütterchen, wohin du willst, (nur) jenseits der Windau gieb (mich) nicht (hin)!

§ 304. Das Particip. Prät. Act. (-is, fem. -usi) wird gebraucht:

1. attributiv, aber nur von intransitiven Verben (§ 298.), resp. Verbis mediis: **noskummusi seewa**, ein betrübtes Weib; **iskrittuschi matti**, ausgefallene Haare; **prezzejuschees zilweki**, verheirathete Menschen; auch in der definiten Form: **tas mirruschajs zilwehks**, der verstorbene Mensch; **tā saluhsuschā kehde**, die zerbrochene Kette; **atraddahm to pasuddusho palgu**, wir haben gefunden das verlorene Betttuch.

§ 305. 2. als Apposition zur Vertretung von Zeitsätzen: **tee nogahjuschi atradda, kà bija sazzihts**, diese, nachdem sie hingegangen waren, fanden, wie es gesagt war; **mirronis sehdu**

pazehlees, teiza Deewu, der Todte, nachdem er sich sitzend auf=
gerichtet hatte, lobte Gott. Die Stellung des Particips ist in
diesem Fall stets n a ch dem zugehörigen Substantiv oder Pronomen.

§ 306. 3. prädicativ nach Verben der Wahrnehmung,
der Aussage, des Vergessens, namentlich-gern im Nominativ, wo
dasselbe Subject in Hauptsatz und Nebensatz: **wehletohs nedseeda=
jusi**, ich wünschte, daß ich nicht gesungen hätte; **winsch teizahs
baggahts bijis**, er behauptete von sich, daß er reich gewesen;
winni leekahs Deewa zeenajuschi, sie stellen sich an, daß sie
Gott geehrt hätten; **aismirsu nepraffijis**, ich vergaß zu fragen
(mit eigenthümlicher Zufügung der Negation).

§ 307. Das Particip. Präs. Pass. (–ams, fem. –ama)
wird sehr gern

1. attributiv gebraucht: **tā irr sinnama leeta**, das ist
eine bekannte Sache (die gewußt wird); **arrama semme**, urbares
Land (das gepflügt wird); **neissakkami preeki**, unsägliche Freude;
plaujami meeschi, Gerste, die gemäht werden k a n n und m u ß;
ehdamas leetas, Eßwaaren (eßbare Dinge); sehr oft auch bei
Substantiven, die nicht eigentlich das Object der im Particip
angedeuteten Handlung sind: **brauzami sirgi**, Pferde, mit denen
gefahren wird; **arrami wehrschi**, Ochsen, mit denen gepflügt wird;
rakstamas leetas, Schreibgeräth, womit geschrieben wird; **schu=
jama addata**, Nähnadel; **dzerrama nauda**, Trinkgeld, wofür
getrunken wird; **ehdama istaba**, Eßzimmer, worin gegessen wird;
plaujams laiks, Erndtezeit, in der geerndtet wird; **krihtama
ligga**, fallende Sucht, bei der man fällt.

Anmerk. 1. Von Verbis intransitivis hat dieses Particip
oft active Bedeutung: **mirstams zilwehks**, ein sterblicher Mensch;
nahkams laiks, die kommende Zeit; **sinnama sirds**, Gewissen
(das wissende Herz).

Anmerk. 2. Die definite Form wird gern als Substantiv
gebraucht: **ehdamajs**, Futter, (ehst, essen); **usleekamajs**, Deckel,
(uslikt, auflegen); **greeschamajs**, Schneidewerkzeug, (greest, schnei=
den); **aisschaujamajs**, Riegel, (aisschaut, zuschieben).

§ 308. 2. als Apposition: **labba biju labbinama,
neezinama nederreju**, ich war gut, als man mich gut machte (als
man mich günstig beurtheilte), als man mich schlecht machte (miß=
liebig beurtheilte), taugte ich zu nichts (Volkslied); **eij luhdsams**,
geh, weil du gebeten wirst (§ 296.).

§ 309. 3. prädicativ, erstlich in der Umschreibung des
Debitiv Passivi (§ 124.), sodann (allgemein im mittleren und
westlichen Kurland, — im Hochlettischen selten) beugungslos
(Gerundium) nach Verben der Wahrnehmung, Aussage, Gemüths=

bewegung u. s. w. oft in passiver, von intransitiven Verben sehr oft bemerkenswerther Weise in activer Bedeutung: **klausaitees sw. lekzijonn preckschlassam**, hört, wie die heil. Lection vorgelesen wird; **meitinu satikku aisweddam**, ich begegnete dem Mädchen, wie es weggeführt wurde; — **teiz kungus jau nahkam**, man sagt, daß die Herrschaft schon komme; **mahsu atstahju raudam, brahli gullam**, die Schwester verließ ich weinend, den Bruder schlafend.

§ 310. Eigenthümlich ist der Gebrauch nach dem Medium **gribbetees**, wollen: **waj tu gribbees salaulajams**? willst du getraut werden; **gribbejahs brahta seewa kā mahmina aptekkama**, die Schwägerin (des Bruders Frau) wollte (ebenso) wie das Mütterchen bedient (umlaufen) werden.

§ 311. Das Particip Prät. Pass. (-ts, fem. -ta) wird gebraucht sehr gern

1. attributiv: **mahzihts wihrs**, ein unterrichteter Mann; **apehsta maise irr gruhti pelniht**, aufgegessenes Brod ist schwer zu bezahlen (zu verdienen). Participialformen von intransitiven Verben sind ganz zu Adjectiven geworden: **spirgts**, stark, gesund; **silts**, warm; **balts**, weiß; **pikts**, böse, zornig; **swehts**, heilig, u. s. w. **dsimta deena**, Geburtstag; **dsimts kungs**, Erbherr.

§ 312. 2. als Apposition: **wilks dikti sakauts aismukka**, der Wolf entfloh, nachdem er stark zerschlagen war.

§ 313. 3. prädicativ in der Umschreibung des Passivs (§ 125.) und sodann nach Verben der Wahrnehmung oder Aussage u. s. w.: **atraddu wahrtus aiswertus**, ich fand die Pforte zugemacht; **dsird sehrdeeni saderretu**, man hört, daß die Waise verlobt sei.

Anmerk. Ueber den Genitiv des Subjects bei dem Partic. Prät. Pass. siehe § 203.

XIII. Von den Frage- und Antwortsätzen. Bejahung und Verneinung.

§ 314. Die directe Frage wird eingeleitet

1) durch ein Fragepronomen oder ein pronominales Frage-Adverb: **kas tas**? wer ist das? **kas tee tahdi laudis**? was sind das für Leute? **ko sakki**? was sagst du? **kur eesi**? wo wirst du hingehen? **kad nahks**? wann wird er kommen?

2) durch die Fragepartikel **waj** (mit hochlettischer Vocalfärbung **woj**, local **wuj**), von der Interjection **wai**, wehe! sehr merklich durch den gestoßenen Ton unterschieden, dem zu Folge auch

eben gegenwärtig **waj** statt **wai** von vielen geschrieben. Der Deutsche übersetzt **waj** nicht, da ihm schon die veränderte Wortstellung die Frage bezeichnet: **waj tu tur biji?** warst du dort? **waj tu sapratti?** hast du verstanden? **waj zittadi?** ists anders? Die deutsche Wortstellung im Lettischen wäre ein arger Fehler: **tizzi tu eeskch Deewu** wäre überhaupt keine Frage, sondern eine Ermahnung: glaube du an Gott! — Eine eingeschobene Negation deutet an, daß eine bejahende Antwort erwartet wird: **waj es neteizu?** habe ich es nicht gesagt?

§ 315. Die in directe Frage (ebenso eingeleitet wie die directe § 314.) fordert nicht unbedingt den Modus Conjunctivus wie im Deutschen. Die verschiedenen Modi stehen je nach ihrer sonstigen Bedeutung: der Conditional in fragenden Bedingungssätzen: **es prassiju, waj winsch to buhtu sazzijis?** ich fragte ihn, ob er das gesagt hätte (etwa, wenn er in meiner Stelle gewesen wäre); der Conjunctiv in Wiedergabe fremder Aeußerung (oratio obliqua): **winsch prassija, kur eijoht, kad pahrnahkschoht?** er fragte, wohin sie giengen? wann sie heimkommen würden? In allen anderen Fällen der Indicativ: **nesinnu, waj tehws pahrees?** ich weiß nicht, ob der Vater heimkommen wird?

§ 316. Die Doppelfrage wird in beiden Gliedern durch **waj** eingeleitet (ob — oder): **waj kahjahm eesi, waj braukschus?** wirst du zu Fuß gehen oder fahrend? **waj eesi, waj neeesi?** wirst du gehen oder nicht gehen?

§ 317. Die bejahende Antwort ertheilt der Lette durch Wiederholung des fraglichen Wortes aus dem Fragesatz, etwa mit Zufügung des Adverbs **gan**, wohl. Das aus dem Deutschen entlehnte ja, ja, wird gern vermieden, zumal es zweideutig ist (§ 337.): **waj tur biji?** bist du dort gewesen? Antw. **biju**, ich bin gewesen; **waj kungs mahjäs?** ist der Herr zu Hause? Antw. **mahjäs gan**, zu Hause wohl; **waj labbi klahjahs?** gehts gut? Antw. **labbi**, gut.

Anmerk. Gern wird bejaht durch die Gegenfrage: **kā ta nē?** wie denn nicht; **nu kā**, nun wie (denn sonst)?

§ 318. Die verneinende Antwort ertheilt der Lette einfach durch **nē** (mit langem, gestoßenem Ton), nein, oder mit **nĕ** (nicht) nebst dem Verb: **waj tu to zilweku pasihsti?** kennst du den Menschen? Antw. **nē**, nein, oder: **nepasihstu**, ich kenne (ihn) nicht; **waj winsch mahjäs?** ist er zu Hause? Antw. **nē**, nein, oder: **nau wis**, er ist nicht (zu Hause). Das Adverb. **wis** in der verneinenden Antwort wird gebraucht, wenn man voraussetzt, daß der Fragende eine Bejahung erwartete, wie **gan** in bejahender Antwort gebraucht wird, wenn man meint, der Fragende erwarte eine verneinende Antwort (§ 317.). Eine nachdrücklichere Verneinung geschieht durch stark betontes **nè** hinter negativem Verb: **nau gullehts, nè**! es ist gewiß nicht geschlafen! **nebiju nè**! ich bin gewiß nicht (dort) gewesen; **nawa nè**, es ist gewiß nicht.

Anmerk. Ueber die Betonung von **nè** siehe § 28.

XIV. Conjunctionen und Hervorhebungspartikeln.

Allgemeines.

§ 319. Die Conjunctionen verknüpfen die Sätze oder Satzglieder mit einander entweder so, daß beide gleich selbständig sind (zwei Hauptsätze, — coordiniert), oder so, daß die beiden Sätze wechselseitig auf einander bezogen werden und erst in ihrer Verbindung einen abgeschlossenen Gedanken aussprechen (Vordersatz und Nachsatz — correlativ), oder so, daß ein Satz dem anderen untergeordnet und von ihm abhängig ist (Hauptsatz und Nebensatz, — subordiniert). Durch Correlation und Subordination entstehen zusammengesetzte Sätze.

I. Conjunctionen der Verbindung.

§ 320. **un** (in Westkurland auch **in**), **und**. Der ächte Lette läßt diese Conjunction (wie überhaupt manche Conjunctionen) gern weg, wo der Deutsche sie setzt: **tehws, mahte,** Vater und Mutter; **mihli brahļi, mahjas**! liebe Brüder und Schwestern! **sweiks weſſels**! frisch und gesund.

§ 321. **arri, ar, arridsan** (nach dem zugehörigen Wort), **ir** (vor dem zugehörigen Wort), auch: **man arri ja-eet**, ich muß auch gehen; **ir ſudraba kallejinſch pee arraja maiſes nahza**, auch (sogar) der Silberschmidt kam zum Pflüger (Landmann) nach Brod. (Als Präposition heißt **ar,** mit, § 215.).

§ 322. Zur Aneinanderreihung dient im Sinn von sowohl — als auch: **ir — ir:** **i(r) es arru, i(r) ezzeju, man nebija raibu ſwahrku,** sowohl pflügen, als auch eggen that ich, (doch) hatte ich keinen bunten Rock; und: **neween — bet arridsan;** bei unbestimmter Zählung: **papreekſch,** zuerst; **pehz,** darauf; **beidſoht,** endlich. Dazwischen kann man einschieben: **ohtrs,** zweitens; **tahļaki,** ferner; **tà pat arri,** ebenso auch; **un wehl,** und noch; **wehl arri,** dazu noch; **turklaht,** dabei, dazu; **pehdigi, pehzgallâ,** zuletzt. Zur bestimmten Zählung: **pirmâ kahrtâ, ohtrâ, treſchâ kahrtâ,** erstens, zweitens, drittens, u. s. w.

§ 323. Zur negativen Aneinanderreihung dient **nei (ne)**, und nicht, auch nicht; **ne wehl, nele wehl,** noch viel weniger, geschweige denn; **nedſ — nedſ, nei — nei, ne — ne,** weder

— noch: **to nebarrischu, nei man klahtohs to darriht**, das werde ich nicht thun, auch würde es sich nicht für mich schicken das zu thun; **nei maitaja eewas seedus, nei arraja gahjuminu**, weder zerstörte es (das Gewitter) des Faulbaums Blüthen, noch wo der Pflüger gegangen (das Saatfeld).

2. Conjunctionen der Sonderung.

§ 324. waj (wa, hochlettisch: **woj, wuj**; auch Fragepartikel, § 314. 315.), oder: **laj naht tā seewa, waj tā meita**, es komme das Weib oder die Tochter; **waj — waj**, entweder — oder: **waj schodeen, waj rihtā lihs**, entweder heute oder morgen wird es regnen.

§ 325. jeb, oder, sondert nicht, sondern erklärt: **swehti raksti jeb bihbele**, die heilige Schrift oder Bibel.

3. Conjunctionen des Gegensatzes.

§ 326. bet, aber, sondern: **tas nau zilwehks, bet welns**, das ist kein Mensch, sondern ein Teufel; **atkal**, aber, trotzdem: **es atkal nenahkschu**, ich werde aber nicht kommen; **tomehr, tadschu** (nicht **tatschu** zu schreiben), **takschu (tokschu)**, doch; jele, doch; **neba**, doch nicht, freilich nicht: **allutin ruddazziti, neb' es tawu wezzuminu**, Bierchen, Braun=Auge, freilich habe ich nicht dein Alter; zuweilen auch zur Andeutung einer Ursache: **trihs reisinas apgreesohs tai weenā weetinā, neba lehti es ateeschu**, dreimal wandte ich mich an der Stelle um, denn ich werde ja nicht leicht (dahin) zurückkehren.

4. Conjunctionen der Vergleichung.

§ 327. kā, wie, gleichwie, gleich als: **darri, kā tu gribbi**, mach (es), wie du willst. Nach dem Comparativ wird stets vor **kā** die Negation geschoben; ein Gebrauch, den der Deutsche oft zu übersehen pflegt: **winsch irr wezzahks ne kā es**, er ist älter als ich.

kā drückt auch Zeitbeziehungen aus, = als, sobald als, nachdem: **kā pahrnahzu, sahka liht**, sobald als ich zu Hause gekommen war, begann es zu regnen. **tik kā** und **kāschu**, so eben, kaum daß: **tik kā warrejahm isbehgt**, kaum daß wir entrinnen konnten; **kungs kāschu isbrauzis**, der Herr ist so eben ausgefahren.

Zu verstärkter Vergleichung dient **it kā**, ganz wie, gleich als ob und **kāschu**, eben als ob, als wie: **kāschu wakkar un schodeen lohpus wehl laisch laukā**, (wenn das Wetter ist) so wie gestern und heute, so treibt man das Vieh noch hinaus (auf die Hütung).

kà — tà, wie — so, sowohl — als auch: kà pawehlehts, tà jabarra, wie befohlen ist, so muß gethan werden; kà kungi, tà laudis apkauti, sowohl die Herren, als die Untergebenen sind niedergemacht worden. Eigenthümlich ist der Ausdruck der Dauer und Wiederholung: kà salst, tà salst, es friert und friert; kà stulbs, tà stulbs, blind ist er, blind bleibt er.

§ 328. jo — jo, je — desto, verbindet sich gerade gern mit mit dem Adjectiv in Positivform (nicht mit dem Comparativ, wie im Deutschen): jo ta strauja, jo ohlaina, je reißender er (der Bach) ist, desto kieselreicher; jo pliks, jo traks, je ärmer, um so toller.

jo in ursächlichem Sinn heißt denn: es winnam dewu, jo winsch labbi klausa, ich gab ihm, denn er ist wohl gehorsam.

§ 329. tik — tik (tahmisch: zeek — teek), wie viel, — so viel, wie oft — so oft; ziffahrt — tikfahrt; tik ne vor dem Präteritum heißt beinahe: tik nenomirra, beinahe wäre er gestorben.

5. Conjunctionen der Aussage.

§ 330. ka, daß,

1) nach Verben der Aussage, Wahrnehmung, Gemüthsbewegung u. s. w.: es tew sakku, ka buhs labbi, ich sage dir, daß es gut sein wird; es preezajohs, ka tu sweiks weffels, ich freue mich, daß du frisch und gesund bist. — Der Conjunctiv folgt auf ka nur, wenn die Aeußerung eines anderen als solche angegeben werden soll (§ 287.), sonst der Indicativ. Vor dem Conjunctiv bei Angabe fremder Aeußerung fällt ka oft aus (§ 287.). Oft folgen nach den Verben der Aussage Participialconstructionen (§ 301. 306. 309. 313.);

2) in Zeitsätzen: = seit: schī bewitā waffara, ka nomirris, dieses ist der neunte Sommer, seit er gestorben;

3) zur Angabe einer Folge: = sodaß: kahju tà sagruhdis, ka klibs palizzis, er hat den Fuß so zerstoßen, daß er lahm geworden;

4) zur Angabe einer Ursache: = weil: tàpehz ka labbi bija strahdajis, darum weil er gut gearbeitet hatte.

Niemals steht ka für damit zur Angabe einer Absicht.

Ueber kad für ka siehe § 331, 2.

6. Conjunctionen der Zeit.

§ 331. kad (oft wie ka lautend), wenn (= wann), als, nachdem:

1) zur Angabe der Zeit, aber ohne zugleich die Ursache anzu-
deuten, wie das deutsche da (= weil) thut: **kad jaimneeks
mahjâs, darbi paschkirrahs**, wenn der Hausherr zu Hause ist, fördert sich die Arbeit. Die Wechselbeziehung w a n n — d a n n drückt **kad — tad** aus;

2) nach Verben der Aussage für **ka, daß**, ist **kad** in der Schrift nicht zu empfehlen, obschon man es aus lettischem Munde hört;

3) zum Ausdruck der Bedingung = w e n n: **kad warretu pahri kluht, es jawihtu wainadsinu**, wenn ich hinüber gelangen könnte, so würde ich ein Kränzchen flechten (Volkslied); oder des Wunsches: **kad tu isputtetu!** wenn du doch in Staub dich auf- lösen möchtest! **kad es to buhtu sinnajis!** wenn ich das gewußt hätte!

4) zum Ausdrucke des Zugeständnisses dient **kad arri — tadschu**, w e n n a u c h, o b g l e i c h — d o c h.

§ 332. Siehe oben über **kà, n a c h d e m, s o b a l d a l s** (§ 327.), **ziffahrt — tikkahrt**, w i e o f t — s o o f t (§ 329.), **ka, s e i t** (§ 330.).

nu, nun, d a r a u f, d a n n, j e t z t, ist zum Theil Adverb, zum Theil Conjunction, wie alle Demonstrativadverbia.

lihds, b i s, s o l a n g e a l s, w ä h r e n d, e h e: **lihds jaununwe apgreesahs, mahmulite nodarrija**, bis sich die junge Frau (nur) umdrehte, hatte Mütterchen (die Arbeit schon) fertig gemacht; es **neeeschu, lihds tā rihtaswaigsne lehks**, ich werde nicht gehen, ehe nicht der Morgenstern aufgehen wird.

§ 333. kāmehr (kāmehrt, kāmeht, kāleht), b i s, s o l a n g e a l s: **ne pee weena es neeeschu, kāmehr(t) sawu sagaidischu**, zu keinem werde ich gehen, bis ich den meinigen (den mir bestimmten) werde erwartet haben.

kāmehr — tāmehr, s o l a n g e — a l s.

kohpsch, s e i t (selten).

teekams, bis daß: **pagaidi, teekams es gattaws buhschu**, warte, bis ich fertig sein werde. In Wechselbeziehung: **tikkam (teekam) — lihds** oder **kāmehr: tikkam rahju tautu dehlu, lihds es winnu uswarreju**, so lange schalt ich den Ehemann, bis ich die Oberhand gewann.

eekam oder **ikkam**, bis: **trihs deenas gaisu jauza, ikkam tikka mallinā**, drei Tage lang verdarb (der ins Meer gefallene Stern) das Wetter, bis er ans Ufer kam (Volkslied).

pirms oder **papreeksch — ne kà**, ehe — als: **kaudses samet- tahm, pirms ne kà nolija**, wir hatten die Heuschober aufgeworfen, ehe der Regen herunterkam.

7. Conjunctionen der Urſache.

§ 334. jo, denn (§ 328.).

tāpchz, deswegen; tābapchz, ebendarum; tālabbad, darum; tādehl, deshalb. Letztere Partikeln heißen in Sätzen, die eine Folge andeuten: darum, alſo, folglich.

ka, weil (§ 330, 4.).

8. Conjunctionen der Folge.

§ 335. ka, ſodaß (§ 330, 3.).

tă, ſo, in Wechſelbeziehung zu ja, wenn (§ 337.).

tà tad, folglich: ikkatru zilweku tew buhs mihleht, ſchihds irr zilwehks, tà tad arri ſchihdu buhs mihleht, jeden Menſchen ſollſt du lieben, der Jude iſt ein Menſch, folglich ſollſt du auch den Juden lieben.

9. Conjunctionen der Abſicht.

§ 336. laj, daß, damit (§ 340, 3.).

10. Conjunctionen der Bedingung und des Wunſches.

§ 337. ja, wenn, mit dem Indicativ in Vorder- und Nachſatz, wenn der Redende über die Wahrſcheinlichkeit oder Unwahrſcheinlichkeit des Falles nichts äußert; mit dem Conditional im Vorder- und Nachſatz, wenn der Redende den Fall als unwirklich (Prät. Conditionalis) oder höchſtens als möglich (Präſ. Conditionalis) hinſtellt. Den Nachſatz leitet oft tă, ſo, ein. Beiſp.: ja tu gribbi, (ta) tew dohſchu, wenn du willſt, (ſo) werde ich dir geben; ja tu buhtu gribbejis, (ta) es tew buhtu dewis, wenn du gewollt hätteſt (du haſt aber nicht gewollt), ſo hätte ich dir gegeben; ja tu gribbetu, (ta) es tew dohtu, wenn du wollen würdeſt, (ich weiß aber nicht, ob du willſt), ſo würde ich dir geben. Der Volksmund läßt ja nicht ſelten weg: neſataiſiſi jumtu, ſapuhs chdamajs, wirſt du das Dach nicht ausbeſſern, wird das Viehfutter verfaulen.

Verbindungen mit ja: **ja daudſ,** höchſtens (wenn viel); **ja maſ,** wenigſtens (wenn wenig); **ja ne,** ſonſt (wenn nicht): **par ſcho tellu, ja daudſ, rubbuli dabuhſi,** für dieſes Kalb wirſt du höchſtens einen Rubel bekommen; **klauſi, ja ne, kuhleenu dabuhſi,** gehorche, ſonſt wirſt du Schläge bekommen; **ja tikkai,** ſofern nur; **ja labban,** wenn etwa; **bet ja,** wie aber wenn.

§ 338. kad, wenn, wenn doch (§ 331, 3.).

kaut ist 1) Wunschpartikel, = wenn doch: **kaut Deews schoreiß manni atlaistu**! wenn doch Gott dieses Mal mich loslassen (am Leben lassen) möchte! verstärkt: **ak kaut, o** wenn doch! **kaut jele,** wenn doch!

2) nebst **kautschu, kaut gan, kaut jele,** Partikel des Zugeständnisses, = obschon, obgleich, worauf im Nachsatz folgen kann: **tomehr, tadschu, tak,** doch: **es necetu pee ataischa, kaut es jaunu nedabuhtu,** ich würde (doch) zu keinem Wittwer gehen, auch wenn ich keinen jungen (Mann) bekäme.

§ 339. jele (jel) dient

1) als Wunschpartikel allein oder in den Verbindungen: **kaut jele, kad jele, laj jele: eij jele,** so gehe doch! **laid man jele meerā!** laß mich doch zufrieden! **kaut jele silts paliktu!** wenn es doch warm würde!

2) bezeichnet einen Gegensatz, = doch, doch wenigstens: **addiht addu raibus zimbus, ne jel dohschu brahlinam,** freilich stricke ich wohl bunte Handschuh, doch dem Brüderchen werde ich sie nicht geben (Volkslied).

laj oder **laj jele,** daß doch, möge doch (§ 340, 2.).

II. Conjunctionen des Zugeständnisses.

§ 340. **laj** (Verkürzung des Imperativs **laidi,** von **laist,** lassen)

1) giebt ein Zugeständniß an, = mag auch: **plauneet, brahli, purwju plawas, laj stahw lihtschi neplaujami,** mähet, Brüder, die Morastwiesen, mögen die Bachwiesen ungemäht bleiben (Volkslied); in Wechselbeziehung: **laj — laj,** sei es — sei es: **es meitinu newainaju, laj tā discha, laj tā masa,** ich werfe keinem Mädchen Fehler vor, sei sie groß oder sei sie klein (Volkslied);

2) Wunschpartikel: **laj nahk pee mums tawa walstiba,** dein Reich komme zu uns; **laj** mit der 2. Pers. ist unerhört (z. B. **laj tu nahz,** du magst kommen), und mit der 1. Pers. ists auch nicht ächt lettisch: **luhgsim Deewu** ist besser als **laj Deewu luhdsam,** laßt uns Gott bitten;

3) Absichtspartikel, = daß, damit, nach Verbis des Wollens, Wünschens, Forderns, Bittens oder irgend welcher Absicht: **sakki, laj winsch eenahk,** sage, daß er hereinkomme, laß ihn (provinziell: er) hereinkommen; **luhdsi Deewu, laj tas wesselibu atdohd,** bitte Gott, daß er die Gesundheit wiedergebe. Wo nach Verben des Wollens, Wünschens u. s. w., nicht so sehr die Absicht, als der

9

Gegenstand der Absicht ausgedrückt werden soll, braucht man nicht laj sondern ka: es gribbu, ka winsch pohstâ eet, ich will, daß er zu Grunde gehe (seinen Untergang); es tew luhdsu, ka tu man gribbetu palihgâ nahkt, ich bitte dich, daß du mir möchtest zu Hilfe kommen (um deine Hilfe);

4) zur Anreihung, = auch, und zwar in diesem Fall stets seinem zugehörigen Worte nachgestellt: biju pee gohwihm, zuhkahm, pee pihlehm laj, ich war bei den Kühen, Schweinen, bei den Enten auch; zitteem gaddeem meeschi daudf wehlaku plauti, kweekschi laj, in anderen Jahren ist die Gerste viel später gemäht, der Weizen auch.

§ 341. kad arri, kad ir, wenn auch (§ 331, 4.), kaut, kautschu, kaut gan, kaut jele, obschon, obgleich (§ 338, 2.), jebschu, obgleich: jebschu to wissi daudsina, tomehr es netizzu, obgleich alle es erzählen, so glaube ich (es) doch nicht.

gan (ganna), wohl, zwar: ganna swihda, ganna gurra, nebij wallas duffinaht, zwar schwitzten sie, zwar ermatteten sie (die Rößlein), (aber) es war keine Zeit sie ruhen zu lassen.

12. Hervorhebende Partikeln

§ 342. sind 1) -schu, in tad-schu, tak-schu (tok-schu), (§ 326.), kâ-schu (§ 327.), kaut-schu, (§ 338, 2.), jeb-schu (§ 341.);

2) -le in nu-le, nu-lei, so eben, kürzlich; tal-le (s. tad-le), dann allererst; je-le, doch, wenigstens (§ 339.); ne-le, ne-le-wehl, geschweige denn (§ 323.);

3) -ba in je-b, oder (§ 325.), je-b-schu, obschon (§ 341.); ta-ba, eben also; te-ba, te-be, ungefähr unser: da haben wir es: z. B. te-ba bija tew, brahliti, schihs waffaras luhtkojums! da haben wirs! das war also, Brüderchen, was du in diesem Sommer dir erschaut hast (die Braut)?! Endlich: ne-ba, doch nicht, freilich nicht (§ 326.).

XV. Interjectionen.

§ 343. Die beliebtesten Interjectionen sind: a! ak, ach! wai! weh! als Klageruf; wē, pfui! als Ausruf des Abscheus und Ekels! uhja, uhja! Ausruf des Staunens oder der Angst und des Schreckens.

Uneigentliche Interjectionen sind die sehr gern in die Rede eingeschobenen Schallwörter, wie schwiugs, beim Ohrfeigengeben; schluks, beim Ausglitschen; baukschs, plaukschs, plakschs, beim Fallen, Schlagen, Klatschen, und viele andere.

XVI. Wortfolge im Satz.

§ 344. Das Subject des Satzes steht in der Regel vor dem Prädicat (Verbum), z. B. abweichend vom Deutschen in Fragesätzen und nach Conjunctionen: **waj tu dsirdi? hörst du? ko tu sche darri? was machst du hier? jebschu tam wihram daudf mantas bija, tomehr ihstas swehtibas peetruhka,** obschon der Mann viel Güter hatte, so fehlte ihm doch der wahre Segen.

§ 345. Adjectiv und Particip als Prädicat (§ 167.) stehen stets nach dem Subject: **meddus salds,** der Honig ist süß; **schults ruhkta,** Galle ist bitter; **tehws nomirris,** der Vater ist gestorben; ebenso das Verbum als Prädicat in der Regel.

§ 346. Das Object steht vor oder nach dem Verb je nachdem es hervorgehoben werden soll: **lehna zuhka dsillas saknes rohk,** eine stille Sau gräbt tiefe Wurzeln (Sprüchwort); **mafs zelminfch gahsch leelu wesumu,** ein kleines Hümpelchen wirft ein großes Fuder um (Sprüchwort).

Der Infinitiv der Ergänzung und näheren Bestimmung oder des Zweckes folgt dem Verbum finitum in der Regel: **es tew gribbu ko teikt,** ich will dir was sagen; **atnahzu juhs apsweizinaht,** ich bin gekommen euch zu begrüßen.

§ 347. Das Attribut (§ 169. Adjectiv, Zahlwort, Pronom., Particip.) steht stets vor dem Substantiv: **labs strahdneeks,** ein guter Arbeiter; **trihs wihri,** drei Männer; **schī seewa,** dieses Weib; **behrais sirgs,** das braune Pferd; **noschauts wilks,** ein erschossener Wolf.

Anmerk. 1. Jeder zu einem Substantiv gehörige Genitiv (außer der partitive, § 195.) ist als ein Attribut zu betrachten und steht daher stets voran: **Rihgas kungi,** Herren aus Riga, rigische Herren; **brahla manta,** des Bruders Habe, brüderliche Habe; **selta gredsens,** Ring von Gold, goldener Ring; **Deewa mihlestiba,** die Liebe Gottes, die göttliche Liebe; **peezu pehdu ass,** ein Faden von fünf Fuß, ein fünffüßiger Faden; **Latweeschu walloda,** die Sprache der Letten, die lettische Sprache. Aber **kanna allus,** eine Kanne Bier; **daudf naudas,** viel Geld; weil der partitive Genitiv kein Attribut bezeichnet.

Anmerk. 2. Bei den erst in neuerer Zeit eingeführten Familiennamen bürgert sich allmählig die deutsche Wortstellung wohl ein: **Jahnis Ohsis, Andrejs Tinrahns;** obschon besser lettisch ist **Ohschu Jahnis, Tinranu Andrejs.**

§ 348. Die Apposition (§ 170.) steht in der Regel ihrem Substantiv nach: **Deews, muhsu kungs un tehws,** Gott, unser Herr und Vater; **draugi, mihlee!** Freunde, ihr Lieben! Ausnahmen finden sich in Participialsätzen (§ 299.).

9*

§ 349. Das **Adverb** muß seinem **Adjectiv** voranstehen, dem **Verb.** kann es auch nachfolgen: **brihnum labs zilwehks,** ein wunderbar guter Mensch; **strahda deenahm naktihm,** er arbeitet Tag und Nacht.

§ 350. Alle **Präpositionen** stehen vor ihrem Substantiv außer **dehk, labbad, pehz,** wegen (§ 222. 225. 227.).

§ 351. Alle **Conjunctionen** müssen oder können am Anfang des Satzes stehen außer **jele,** doch), das hinter dem Wort steht, worauf es sich bezieht (§ 326. 338, 2.) und außer **laj** im Sinn von auch (§ 340, 4.).